Aurora Duarte

Faca de Ponta

Aurora Duarte

Faca de Ponta

Aurora Duarte

imprensaoficial

São Paulo, 2010

GOVERNO DO ESTADO
DE SÃO PAULO

Governador Alberto Goldman

imprensaoficial Imprensa Oficial do Estado de São Paulo

Diretor-presidenteHubert Alquéres

Coleção Aplauso

Coordenador GeralRubens Ewald Filho

No Passado Está a História do Futuro

A Imprensa Oficial muito tem contribuído com a sociedade no papel que lhe cabe: a democratização de conhecimento por meio da leitura.

A Coleção Aplauso, lançada em 2004, é um exemplo bem-sucedido desse intento. Os temas nela abordados, como biografias de atores, diretores e dramaturgos, são garantia de que um fragmento da memória cultural do país será preservado. Por meio de conversas informais com jornalistas, a história dos artistas é transcrita em primeira pessoa, o que confere grande fluidez ao texto, conquistando mais e mais leitores.

Assim, muitas dessas figuras que tiveram importância fundamental para as artes cênicas brasileiras têm sido resgatadas do esquecimento. Mesmo o nome daqueles que já partiram são frequentemente evocados pela voz de seus companheiros de palco ou de seus biógrafos. Ou seja, nessas histórias que se cruzam, verdadeiros mitos são redescobertos e imortalizados.

E não só o público tem reconhecido a importância e a qualidade da Aplauso. Em 2008, a Coleção foi laureada com o mais importante prêmio da área editorial do Brasil: o Jabuti. Concedido pela Câmara Brasileira do Livro (CBL), a edição especial sobre Raul Cortez ganhou na categoria biografia.

Mas o que começou modestamente tomou vulto e novos temas passaram a integrar a Coleção ao longo desses anos. Hoje, a Aplauso inclui inúmeros outros temas correlatos como a história das pioneiras TVs brasileiras, companhias de dança, roteiros de filmes, peças de teatro e uma parte dedicada à música, com biografias de compositores, cantores, maestros, etc.

Para o final deste ano de 2010, está previsto o lançamento de 80 títulos, que se juntarão aos 220 já lançados até aqui. Destes, a maioria foi disponibilizada em acervo digital que pode ser acessado pela internet gratuitamente. Sem dúvida, essa ação constitui grande passo para difusão da nossa cultura entre estudantes, pesquisadores e leitores simplesmente interessados nas histórias.

Com tudo isso, a Coleção Aplauso passa a fazer parte ela própria de uma história na qual personagens ficcionais se misturam à daqueles que os criaram, e que por sua vez compõe algumas páginas de outra muito maior: a história do Brasil.

Boa leitura.

Alberto Goldman
Governador do Estado de São Paulo

Coleção Aplauso

O que lembro, tenho.
Guimarães Rosa

A *Coleção Aplauso*, concebida pela Imprensa Oficial, visa resgatar a memória da cultura nacional, biografando atores, atrizes e diretores que compõem a cena brasileira nas áreas de cinema, teatro e televisão. Foram selecionados escritores com largo currículo em jornalismo cultural para esse trabalho em que a história cênica e audiovisual brasileiras vem sendo reconstituída de maneira singular. Em entrevistas e encontros sucessivos estreita-se o contato entre biógrafos e biografados. Arquivos de documentos e imagens são pesquisados, e o universo que se reconstitui a partir do cotidiano e do fazer dessas personalidades permite reconstruir sua trajetória.

A decisão sobre o depoimento de cada um na primeira pessoa mantém o aspecto de tradição oral dos relatos, tornando o texto coloquial, como se o biografado falasse diretamente ao leitor.

Um aspecto importante da *Coleção* é que os resultados obtidos ultrapassam simples registros biográficos, revelando ao leitor facetas que também caracterizam o artista e seu ofício. Biógrafo e biografado se colocaram em reflexões que se estenderam sobre a formação intelectual e ideológica do artista, contextualizada na história brasileira.

São inúmeros os artistas a apontar o importante papel que tiveram os livros e a leitura em sua vida, deixando transparecer a firmeza do pensamento crítico ou denunciando preconceitos seculares que atrasaram e continuam atrasando nosso país. Muitos mostraram a importância para a sua formação terem atuado tanto no teatro quanto no cinema e na televisão, adquirindo, linguagens diferenciadas – analisando-as com suas particularidades.

Muitos títulos exploram o universo íntimo e psicológico do artista, revelando as circunstâncias que o conduziram à arte, como se abrigasse em si mesmo desde sempre, a complexidade dos personagens.

São livros que, além de atrair o grande público, interessarão igualmente aos estudiosos das artes cênicas, pois na *Coleção Aplauso* foi discutido o processo de criação que concerne ao teatro, ao cinema e à televisão. Foram abordadas a construção dos personagens, a análise, a história, a importância e a atualidade de alguns deles. Também foram examinados o relacionamento dos artistas com seus pares e diretores, os processos e as possibilidades de correção de erros no exercício do teatro e do cinema, a diferença entre esses veículos e a expressão de suas linguagens.

Se algum fator específico conduziu ao sucesso da *Coleção Aplauso* – e merece ser destacado –, é o interesse do leitor brasileiro em conhecer o percurso cultural de seu país.

À Imprensa Oficial e sua equipe coube reunir um bom time de jornalistas, organizar com eficácia a pesquisa documental e iconográfica e contar com a disposição e o empenho dos artistas, diretores, dramaturgos e roteiristas. Com a *Coleção* em curso, configurada e com identidade consolidada, constatamos que os sortilégios que envolvem palco, cenas, coxias, sets de filmagem, textos, imagens e palavras conjugados, e todos esses seres especiais – que neste universo transitam, transmutam e vivem – também nos tomaram e sensibilizaram.

É esse material cultural e de reflexão que pode ser agora compartilhado com os leitores de todo o Brasil.

Hubert Alquéres
Diretor-presidente
Imprensa Oficial do Estado de São Paulo

À metafísica dos alpendres nordestinos ao anoitecer sempre comigo.

Para:

os heróis anônimos responsáveis
pelos serviços de laboratório;
as equipes que realizaram sonhos difíceis;
Naildo de Brito pela solicitude e rigor;
Maximo Barro pelo trato e competência;
El Cid – assim denominados meus
assitentes diretos.

à memória de Oswaldo Cruz Kemeni
e sua palheta de filtros.

E aos homens que me ensinaram
que amar não dá certo.

Faca de Ponta

> *A FACA DE PONTA, cujo fabrico é uma especialidade pernambucana dos tempos coloniais, e cujo manejo é outra especialidade pernambucana ...*
>
> **Do livro *Olinda*, de Gilberto Freyre**

Durante anos tive uma hipnótica faca de ponta. O cabo de prata facetada possuía uma beleza obsessiva e ao sol a lâmina luzia. Verdadeira, feita em Pasmado, a Toledo perto de Olinda. No regresso das viagens mais longas, corria para vê-la sobre a cômoda, junto com a imagem de Padre Cícero.

Fiquei muito tempo na mofada Petrópolis onde morreram meu irmão e minha mãe – a família de sangue. De volta para a casa em São Paulo, párias sorrateiros como ratos arrombaram minha porta e levaram pequenos móveis de adorno e a minha faca de ponta. E nela estava a minha força.

Sucumbi. Foram muitas as perdas. Tentaram me tratar com antidepressivos. Mas que remédio existe quando lhe roubam a alma?

Levantei-me e com as próprias mãos enterrei os destroços. E passei a me sentir faca: a ponta, a lâmina, a renda de prata.

Abrirei novas trilhas no litoral onde nasci, no sertão metafísico, no concreto da cidade onde vivo. E amo.

E me prometo esquecer o que não vale ser lembrado, guiada por Kandinsky:

... a arte é um poder que deve ser dirigido para o crescimento da alma. Se a arte não realiza esse trabalho, o abismo que nos separa de Deus permanece sem uma ponte.

Parábase

Woody Allen me conhece bem: sou a mãe de Gena Rowlands no filme *A Outra*. Aquela que apenas gostava de ver e conviver entre coisas belas. E Rilke também, naturalmente.

Fui ao cinema sozinha. Gosto de tudo o que ele faz e não aguento quando alguém diz: *aqui ele falhou*. Ele não falha nunca. *A Outra* é um filme admirável sobre uma mulher de 50 anos muito diferente de mim: eu sou a mãe.

Concordo com Millor Fernandes quando diz que *a vida seria melhor se não fosse diária*. Não é o cotidiano que massacra, mas a luta para manter-se dentro dele com alguma dignidade.

Para sobreviver no cotidiano tentei fazer o que me pareceu melhor: filmes, contos, roteiros, dois livros de poesia publicados, um no prelo, muitos poemas esparsos e este livro de registro. Um pouco do que aprendi na profissão, o contato com pessoas extraordinárias e a identificação de muitos fuleiros: alguns intelectuais, poetas, agiotas, mulheres que vivem de pensão de ex-maridos e gente invejosa. Banqueiros e... pasmem, poucos políticos. Estive sempre próxima de políticos patriotas.

De vez em quando releio Hesse, que adoro. É dele: *as pessoas dotadas de coragem e caráter são sempre muito incômodas às outras.*

Tenho sido muito incômoda por tentar realizar muitas coisas, conseguir algumas e prosseguir tentando, num fim de século onde as mulheres que despertam ânsias ainda são vitimadas pela violência e pelo deboche.

Após um enfarte, com projetos em andamento e muitos sonhos, decidi reavaliar meus erros e acertos, os meus achados e perdidos.

Deu-me o cinema o privilégio de conhecer belas pessoas. Talvez, por não conhecer a miséria dos meus semelhantes e conviver com a minha, concluí que o melhor está nos outros... se você deixar.

De nada vale ficar maravilhada com a vida quando ela está aí com sua brutalidade. O compromisso de tornar o mundo melhor é o meu compromisso como artista. A estética da violência é uma das minhas ambiguidades. Viro uma estátua vendo filmes como *Ran*, de Kurosawa, ou os filmes do Tarantino.

Numa entrevista perguntaram-me como era Vargas. Ora, estive com Getúlio uma única vez, entre dezenas de pessoas. Respondi sorrindo: *Vargas era baixinho*. Mas poderia ter dito mais, como poderia ter dito mais em vários momentos.

Tento agora dizer mais, expulsando os meus demônios e reconhecendo ele nos outros. Ah, os outros! Que mal necessário são os outros... Enquanto alguns tentam remar, outros tentam nocautear cabeças.

Um poeta perguntou insistentemente: *há esperança para o homem*?

Adoro frases feitas, como *cabeça desocupada é oficina do diabo* que eu corrigiria para *cabeça de quem recebe mesada*.

Mas a frase feita favorita é a que traduz mais esperança: *há luz no fim do túnel.*

É o que espero.

Aurora Duarte

Ficha Ancine

Perfil do personagem Aurora Duarte

Nome completo: Diva Mattos Perez

Descrição:

Poeta, atriz, roteirista, documentarista e produtora. Começou no cinema amador aos 13 anos, fez rádio e aos 15, cinema.
Viajou para o exterior mostrando seu trabalho.
Fez teatro e TV, sem nunca abandonar a poesia.

Como se apresenta (mídia):

Veste roupas artesanais de algodão, algodão cru, linho, seda e veludo.
Maquia-se discreta e eventualmente.
Como adereços usa jade, pérolas ou pedras brasileiras.

Descrição física básica

Idade: nasceu em 17 de abril de 1937 (Olinda, Pernambuco)
Cabelos: castanhos (tratados com hena)
Altura: 1,71 m / 1,68 m
Características distintas: sardenta
Olhos: castanho-escuros
Peso: acima do desejável (ou dos padrões convencionados)

Características do personagem

Características principais:
Introspectivo e alegre.
Gentil e afável socialmente.
De difícil convivência às vezes.
O seu papel principal: sempre como protagonista.

Motivação

Objetivo deste personagem: realização artística.
Planos para atingir seu objetivo:
Tornar visíveis os desejos ocultos.
Mostrar o belo (considerando que o ser humano não suporta a dura realidade).

Antecedentes do personagem

Familiares:
Uma mãe prática e poética e uma outra mãe doméstica e literata.
O pai hedonista.
O padrasto militar.
Um padrinho artesão, manso e rígido.
Um meio-irmão distante, duas irmãs e três irmãos de criação afetuosos.
Dois tios desiguais.

Hábitos / vícios:

Ficar e andar sozinho.
Ir ao cinema e ao teatro acompanhado de pessoas mudas.

Frequentar exposições com quem ensine a ver melhor.
Intolerância com o deboche e críticas depreciativas.

Educação: cursos básicos e profissionalizantes.

Personalidade: esquiva e... comunicativa. Fixada no trabalho com o lema do poeta:
Voe, voe pequeno pássaro; a mente humana não suporta muita realidade.
Vá e apanhe uma estrela cadente!

Avant-trailer

Aos 7 anos anunciei: *nunca vou me casar!* Nesse primeiro ato a plateia riu. E eu quase cumpri a promessa – meus casamentos foram anômalos. Sempre me comportei com os homens de forma secreta e amiga. A carreira artística foi uma prioridade natural. Adolescente, publiquei poemas, trabalhei no rádio e iniciei minha carreira no cinema. Filha de pais separados, resvalei entre encrencas até sair de casa aos 15 anos. Deixei para trás lugares lindos – Olinda e Apipucos – e um arrabalde com igrejinha azul, pátio e quermesse. Com alguma notoriedade, vieram outras batalhas.

Trailer

Pântanos, piçarra, poeira, areia movediça e salteadores, tudo enfrentei ...

Guillermo Del Toro (*Labirinto do Fauno*) conferiu: ***é difícil se recuperar do sucesso***.

E eu acrescento que é difícil viver com o sucesso.

Fizera alguns filmes, participara de festivais, já conhecia boa parte do mundo, mas voltara para Apipucos na tentativa de respirar melhor, escrever e ficar um pouco só. Fazia teatro e televisão no Recife, e até cantava em clubes graças a tranquilizantes e soníferos.

Foi quando conheci Celso Furtado e o seu Plano Diretor.

Larguei o brilho e os paetês, lavei a cara, vesti algodão cru, calcei alpercatas sertanejas e imaginei ser possível trabalhar por um mundo melhor.

Numa manhã ensolarada, tanques do Exército cercaram o prédio da Sudene. Era a Revolução de 1964 – a fantasia desfeita.

Story line

Precoce, assim era chamada antes de saber o que esta palavra significava.

Aos 4 anos decorava as letras das valsas que minha mãe cantava ao violão. Perdia a hora do recreio na escola gesticulando, de pé, em cima da mesa da professora, para atender *meu público*.

Aos 8 anos declamava poesia nos saraus de gente grande (Maria Della Costa sabe como é...).

Aos 13 anos escrevia no jornal estudantil e publicava meus primeiros poemas.

Eu achava que a sensação febril era aconchegante e a febrícula do anoitecer deixava-me lassa E isto culminou com a minha ida para um sanatório em Garanhuns. Do diagnóstico à cura as lembranças são fragmentadas, seja pela febre, seja pela negação da dor.

A poesia me aproximou de artistas e da intelectualidade. Consolidei meu fascínio pelo cinema via Associação de Cinegrafistas Amadores. O radialista Luiz Maranhão Filho levou-me para a Rádio Clube para fazer radionovela. Passei pela Rádio Tamandaré e finalmente me sintonizei com Teófilo de Barros Filho, diretor da Rádio Jornal do Comércio e cineasta. Graças a ele trabalhei com Osman Lins, num convívio extremamente enriquecedor, até que Cavalcanti me aparecesse.

Fui para o lançamento de *O Canto do Mar* no Rio de Janeiro. Fiz, então, um curso de modelo e sobrevivi desfilando até vir para as comemorações do IV Centenário de São Paulo com o seu Festival Internacional de Cinema.

Em São Paulo conheci muita gente, daqui e de fora do País. Fiz o filme *Os Três Garimpeiros* e, em seguida, *Armas Da Vingança*, que me deu popularidade. Fiz, ainda, mais desfiles, teatro, televisão e cinema em *Crepúsculo de Ódios*. A produção precária deste último filme acelerou meu projeto de trabalhar como produtora.

Procurei conhecer os grandes centros cinematográficos e, em 1959, sem ainda entender direito o significado de *precoce*, abri uma empresa para estrear em produção com o filme *A Morte Comanda o Cangaço*. O filme obteve dezenas de prêmios, foi um marco de bilheteria, provocou um tumulto e mudanças na minha vida.

Os festivais levaram-me para Berlim, e demoreime na Alemanha. De retorno, tentei esconderme em Apipucos, mas não consegui. Dessa época guardo algumas cartas preciosas de amigos (selecionei duas de Paulo Emílio que percebeu que eu não estava bem e que me escondia) e poemas que sempre leio.

Lancei meu livro de poemas *O Pássaro e o Náufrago* e voltei ao sol dos refletores do teatro e da TV lá no Recife.

Mas eu já não era a mesma. Era outra, que conheceu Celso Furtado. E foi essa outra mulher que fingia dormitar no voo para o Chile enquanto rememorava a campanha de Arraes, os manifestos, Francisco Julião e as marchas, a militância efervescente no Recife.

Sobre os Andes, o avião perdeu altura, teve um princípio de pane e retornou ao aeroporto de Assunção, no Paraguai. Em Assunção tive a graça de ficar por três dias com Lívio Abramo, notável gravador e pai da minha muito amiga e atriz Talulah.

No Chile, estive com Neruda, o que já me bastou. Amei Santiago, mas minha cabeça estava lá no Juazeiro do Padre Cícero.

Voltei para produzir *Riacho do Sangue*, filme caro e cuidadoso, mas que não deu bilheteria. Para melhor tratar os filmes considerados difíceis, com Massao Ohno montei uma distribuidora que também divulgava clássicos japoneses. Nessa época concluímos filmes inacabados de terceiros e produzimos *Viagem ao fim do Mundo*, que ganhou o Leopardo de Prata, em Locarno, e *Uma Nega Chamda Tereza*, ambos dirigidos por Fernando Coni Campos. Com Fernando, mais tarde realizei outros três trabalhos.

Anos depois, retomei a produção de documentários. Arquitetura, jesuítas, Faculdade de Direito de São Francisco, o rio São Francisco, o domínio holandês e a poesia foram meus temas. Fui, então, convocada por Pedro Paulo Mendes para fazer uma série de documentários sobre pintura. Terminei o curta *O Arcanjo Vingador*, com Paulo César Saraceni, e parti para a produção da nova série, com Nelson Pereira dos Santos, Olívio Tavares de Araújo e outros.

Em sequência, Pedro decidiu concluir as filmagens de um média-metragem sobre Cícero Dias e, em equipe, fomos para Pernambuco. Isto foi a brasa que fez reacender em mim a antiga chama. Andei por todo o Nordeste, fiz novas amizades, visitei Quixadá e meus velhos amigos. Terminei um roteiro nordestino (ainda sem título) e planejei voltar para São Paulo para fazer *Filme sobre Mulheres*, roteiro premiado pela Secretaria de Cultura.

Mas as linhas da vida nem sempre seguem retas e, no Rio de Janeiro, encontrei meu meio-irmão com problemas cardíacos graves que o levaram a óbito. Um ano depois, minha mãe – muito frágil, apesar do meu empenho em assisti-la – foi ao encontro do filho.

Eu que havia desfeito a casa em Apipucos, retornei para São Paulo. Vim morar num apartamento (rememorando Fernando Coni Campos: *somos feitos para coisas mais altas*). Tive um enfarte, mas já estou em forma e sempre recomeçando. O *Filme sobre Mulheres* deve marcar minha nova presença.

No Palácio do Catete, com Getúlio Vargas, na exibição de O Canto do Mar, *1953*

Capítulo 1

Jogo de Sombras

Tornar visíveis e conhecidos
os abismos ocultos – eis uma das tarefas
de quem escreve.

Hermann Hesse

Cheguei ao Rio de Janeiro num inverno tão frio e nebuloso que por mais de uma semana não vi o Cristo Redentor.

Getúlio Vargas me recebeu no Catete para uma exibição privada de *O Canto do Mar*. Eu usava um vestido russo, decotado e negro com flores vermelhas, calçando luvas de antílope. Um disparate. Também não deu para concatenar uma frase inteligente porque os *flashes* espoucavam e os meus olhos lacrimejavam com um começo de gripe. Getúlio fez uma rápida constatação que desagradou o meu diretor, Alberto Cavalcanti. O Presidente observou sucintamente que eu não parecia uma típica nordestina, como no filme, e olhava de baixo para o meu metro e setenta e um de altura, mais sete centímetros de salto. O encontro se resumiu a cotoveladas e fotos e durante a exibição houve um silêncio comovente e

Antonio Martinelli, Alberto Vilar e Rui Saraiva em
O Canto do Mar

constrangedor, cortado apenas por observações irrelevantes e esclarecimentos *idem.*

Getúlio era amigo e admirador de Cavalcanti e realmente gostou do filme. *O Canto do Mar* teve sequências com negativo vencido e negativos com emulsões diferentes, até o Presidente interceder. Daí aquela primeira exibição onde muito se elogiou a unidade da bela fotografia de Cyril Arapof. Hoje eu sei que essa unidade de fotografia muitas vezes é conseguida no laboratório.

Dias depois, num churrasco nos estúdios da Atlântida, conheci Luiz Severiano Ribeiro Junior que tirou o meu nome lá de baixo dos letreiros do filme para as fachadas luminosas dos cinemas mais importantes da época. E confeccionou milhares de folhetos destacando a minha estreia com a foto da cena que a crítica chamou de *a fuga indigna de Aurora*.

Severiano tinha projetos para a minha carreira, assim como Mário Civelli, da Multifilmes. Tive ainda outros convites, mas a rota seria brutalmente desviada.

A família do meu marido morava num casarão úmido no bairro das Laranjeiras. Numeroso e decadente financeiramente, o clã era integrado

Com Alberto Vilar em O Canto do Mar

por pessoas ligadíssimas em dinheiro. A exceção era a minha cunhada, Maria de Nazaré, que teve o bom-senso de largar um higienista renomado e chato para viver com um baiano hedonista. Durante anos fomos amigas domingueiras.

Naquele mesmo inverno mudamos para um apartamento em Copacabana, onde eu também não via o mar, porque neblinava sempre. O Rio ensolarado e colorido permanecia preso nos cartões-postais.

Comecei a participar de desfiles de moda e a circular. Numa estreia de filme conheci o General Canrobert Pereira da Costa, que seria candidato à Presidência da República. Conversando sobre o meu assunto favorito – comida —, disse-lhe saber fazer bem um pirão de peixe. O General se mostrou muito interessado e acabei fazendo o prato na casa de um correligionário que, em bom tempo, encomendou uma frigideira de siri de sustentação. Havia gente demais para comer e nunca fiz cozinha industrial... Nessa ocasião e em outros desmembramentos do grupo, acabei conhecendo muita gente, inclusive o pintor Santa Rosa e o escritor Adonias Filho, que se tornou meu amigo para o resto da vida.

Gosto muito do livro *Memórias de Lázaro* e cheguei a comprar os direitos para cinema de *Corpo*

No desfile de modas de Nazareth, Hotel Quitandinha, Petrópolis/RJ, 1953

Na estréia de "O Canto do Mar", no Rio, Alberto Cavalcanti conversa com Aurora Duarte, a encantadora estrêla do filme

Com Alberto Cavalcanti, na estréia de O Canto do Mar

Com seu marido Walter Guimarães Motta (cinegrafista e documentarista), Recife, 1954

Vivo. Mais dois ou três diretores compraram os direitos temporários, inclusive o Glauber, mas o Adonias afirmava que a melhor adaptação era a minha. A *minha* adaptação nada mais era que dois exemplares da mesma edição montados com a história em linha direta, eliminando assim todas as idas e voltas da trama. Trabalho artesanal com tesoura e cola do editor Massao Ohno...

A última vez que estive com Adonias foi durante uma palestra infeliz na Biblioteca Mário de Andrade, onde ele revelou que entre os militares havia pessoas boazinhas e que alguns o ajudaram a ajudar banidos. Fiquei entre os gatos pingados que foram cumprimentá-lo após as revelações, pois amigo é para essas coisas...

Adonias Filho foi meu amigo. Tanto que armou, junto com Santa Rosa, minha primeira ida a Londres para estudar e me livrar do primeiro casamento. Não conseguimos uma coisa nem outra: eu não ía à escola porque não entendia nada de inglês e não tinha disposição porque estava doente. Voltei ao Rio para me tratar, graças às articulações de Ricardo Amaral, ator português que se preocupou comigo enquanto viveu.

A família do meu marido tentou uma re-aproximação, evidentemente por não querer perder a sua galinha dos ovos de ouro. Mas eu fui salva pelo convite para o Festival Internacional de Cinema de São Paulo, por ocasião do IV Centenário da cidade.

Fiz alusões à família do meu marido, antes de falar do próprio, porque a família de um marido – especialmente ou sobremaneira pobre – é tão importante quanto a sua própria pessoa. E essa questão da família deveria ser colocada claramente antes do casamento.

Evidentemente não me casarei mais. No entanto, se algum alucinógeno de ingestão involuntária me levasse a considerar uma tresloucada proposta, eu colocaria: antes de lhe conhecer sexualmente, quero conhecer sua família. Não em dia de festa. Cotidianamente. Conhecer a família antes, ou omitir-se para sempre.

O casamento

Casei aos 16 anos com um homem de 43 pobre e endividado. Mas não casei iludida. Sabia de sua situação financeira e dos motivos que o levaram ao desquite. Ele havia sido casado com uma mulher um pouco mais jovem que ele e tinha quatro filhos que moravam com a avó no Rio de Janeiro. A mulher se apaixonou por um de seus amigos, abandonou a casa e os filhos e foi viver o desencanto de uma paixão não correspondida. O povo gosta dessas histórias e esses fatos foram sobejamente comentados na cidade durante um outono e inverno. Na primavera eu o conheci e três meses depois nos casamos.

Walter era jornalista, grande fotógrafo e cinegrafista. Gostava de escrever, como eu, mas não tinha paciência de se debruçar sobre os textos e a nossa amizade começou por aí. Anos depois, quando já separados, desenvolvi vários roteiros cinematográficos escritos por ele.

O meu casamento com Walter durou pouco mais de um ano. Foi uma cerimônia religiosa filmada em 16 e 35 mm, com poucos convidados. O cineasta Romain Lesage foi o meu padrinho e eu fui uma noiva despojada de artifícios.

A união tinha dois pontos fortes para não dar certo: a grande diferença de idade e a absoluta falta de dinheiro. Não dinheiro para começar a vida, mas para pagar as dívidas, e levei um tempo para saber como foi possível arrumar tantas.

Walter tinha um carro estrangeiro, dois barcos a vela, uma lancha e uma família numerosa. Boa parte dela permanentemente de mãos estendidas.

A minha carreira artística começou cedo demais e eu não fui preparada para o lar. Assim, logo depois do casamento eu senti que o mundo tinha desabado sobre a minha cabeça: a minha sogra tirou as três filhas do meu marido do colégio interno e as deixou na minha nova casa.

Ora, eu não tinha idade de ter filhos e ganhei três filhas enormes de repente. As meninas eram grandes, havendo pouca diferença de idade entre nós, o que dificultou muito essas relações.

Nessa época eu filmava *O Canto do Mar* e atabalhoadamente tentei um intermediário para que a mãe das meninas ficasse com elas até o término das filmagens. Inútil: ela estava apaixonada.

Eu só via as meninas à noite e elas ficavam alvoroçadas com a minha chegada. Parei as gestões para devolvê-las à mãe por dois motivos: não tinha jeito mesmo e eu começava a gostar delas. Com o tempo passei a adorá-las, não como filhas ou irmãs, mas como amigas. Ficamos amigas.

Além de americanista, a minha sogra tinha uma filha que morava nos Estados Unidos. Assim, raciocinava em dólares.

Vendemos a lancha, os barcos e o carro para mandá-la passear nos Estados Unidos e devolver

Teste para o filme O Canto do Mar, *Recife, 1952*

as meninas ao colégio interno. Mais solta, acabei as filmagens de *O Canto do Mar* e fui para o lançamento do filme no Rio de Janeiro.

A minha meta era São Paulo, mas já chego lá.

Embora tivesse passado por uma fase extremamente difícil, o pior estava por vir. No Rio de Janeiro.

Na casa dos meus sogros, no Rio, vivi uma experiência jamais lida nos romances, vista em filmes e jamais sabida. Simplesmente eu me vi proibida de falar – muito menos de me relacionar – com gente pobre. Como a maioria dos artistas são pobres, fiquei de repente fora do meu meio. Demorei a perceber a situação. Quando percebi eu já me relacionava com prostitutas e só conhecia homens ricos.

Um dia meu marido acordou e não me encontrou na cama. Eu estava num bar defronte ao apartamento onde morávamos com a família dele, para ter a nossa conversa.

Botei as cartas na mesa e virei a mesa.

Não sei se ele ignorava ou aceitava a situação sórdida em que se enredava sua mãe e na qual ela tentava me envolver.

Só uma coisa ficara bem clara e certa: o nosso casamento acabara. Não teria conserto. Não teve. Não quis ouvir suas ponderações nem discutir nada. O tema não permitia. Era de dar náuseas.

Voltei para o apartamento e comecei a fazer as malas. Não tinha dinheiro nem sabia para onde ir. Mas Deus não desampara os seus filhos. Assim é que no auge dessa escuridão houve uma luz nebulosa: a viagem a Londres.

Assis Chateaubriand na tempestade

Entregou-me o passaporte como se fosse a carta de alforria. Ao contrário do que se presumia, Walter não criou objeção ou entrave à minha viagem a Londres. Era um homem ilustrado, informado e inteligente, e embora não tivesse o meu sismógrafo, detectava *en passant* as oscilações à sua volta. Sem trocar nada em miúdo, sabia defender-se fingindo que não via os fatos com a crueza própria da vida como ela é.

Walter sabia o quanto eu me decepcionara com a vida que me fora imposta no Rio. Imposta pelas circunstâncias e, talvez por não querer pisar naquela lama movediça que era o apartamento de Copacabana. Adultério, prostituição, interesses vis, uma visão distorcida dos valores essenciais.

O meu sogro era quase um santo, minha sogra era a megera das histórias em quadrinhos e folhetins, manipulando tudo. E todos.

Ele sabia que eu estava amargurada, mas não desconfiava da minha inquietude. O fato é que dois anos antes de meu casamento, aos 14 anos, tirei documentos aumentando quatro anos à minha idade. Teófilo de Barros Filho, o diretor da Rádio Jornal do Comércio, onde eu trabalhava, talvez sem querer, deu-me a ideia de alterar meus documentos. Disse-me que se eu fosse maior de idade poderia trabalhar à noite, apresentando *shows*, e que a minha carreira tomaria mais impulso. Informei-me sobre essa possibilidade e fiquei sabendo que, longe de ser um fato inédito, muitas pessoas tiveram a sua idade aumentada para votar ou trabalhar.

Tirei documentos com quatro anos a mais, apresentei os *shows* e assinei o contrato de *O Canto do Mar.* Eu já tinha assimilado completamente a mudança, mas o projeto de deixar o País sem avisar ninguém dava-me insegurança. Temia alguma reação dos meus familiares, ou mesmo do Walter, que tinha conhecimento da minha idade real, 17 anos, menor e casada apenas no religioso. Mas a semana que antecedeu a minha viagem fixou parâmetros indeléveis na minha vida.

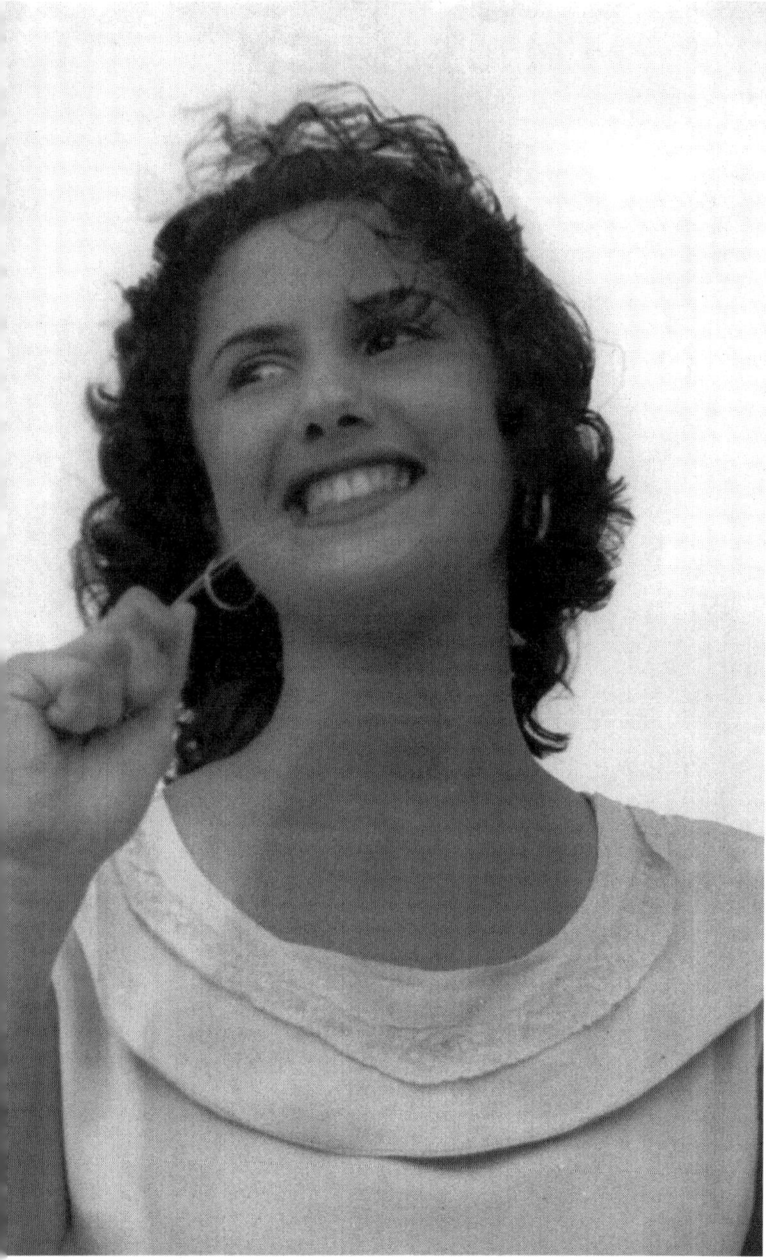

Aos 14 anos, quando ingressou no rádio

Rádio Jornal do Comércio, Recife – apresentadora e rádio-atriz

Rádio Jornal do Comércio, Recife – apresentadora e rádio-atriz

Rádio Jornal do Comércio, Recife, maio de 1951

Walter e eu seríamos amigos para sempre. Eu o ajudaria em todas as circunstâncias e ele tentou sempre estar presente nos momentos fundamentais. Desde o passaporte – minha carta de alforria – até alugar o apartamento da avenida São João em seu nome, com fiador e tudo, já que eu não tinha a profissão regulamentada e deixava o *stablishment* inseguro com a minha juventude e impetuosidade. Ele cuidou da parte legal da minha primeira empresa de teatro e sempre estava solícito.

Walter foi jornalista, grande fotógrafo, cinegrafista, teve uma empresa de construção e não foi mais longe pelo amor arraigado que tinha pelos filhos, em especial pela filha Sonia, a sua favorita. Sacrificou-se para dar-lhes uma vida ilusória, plena de bens materiais, frequentando os chamados bons colégios – verdadeiras máquinas caça-níqueis. Naturalmente, fui prejudicada por essa orgia financeira, pois me sentia penalizada com o seu desespero em dar mais, sempre mais.

Uma observação: de uns anos para cá tenho visto muito homem afundar financeiramente via mulheres hábeis, nunca mais vi um pai como aquele. Pena que eu também estivesse por perto, pois acabou sobrando para mim... Eu, uma *self-made* que acredita – ainda! – em escola pública e vontade de crescer.

Além da amizade com o meu ex-marido, mais dois outros relevantes parâmetros foram fixados. A postura contra qualquer tipo de avacalhação. Assim, do mesmo modo que me afastei de uma situação insalubre na casa dos meus sogros, também me distanciei das pessoas que me levaram à pior viagem, que foi a minha última falência.

Nos dois casos percebi que certas pessoas não estão interessadas em resolver nada – negócios, realizações ou suas vidas. Algumas pessoas simplesmente se comprazem em tentar derrubar quem olha além do seu próprio umbigo.

O parâmetro maior, a fé. Deus existe sim. E Ele me disse que para tudo existe uma saída. Existe sempre uma saída.

Ao aeroporto compareceram apenas Adonias e Ricardo. Despachamos a mala e fui com os dois tomar café. No balcão, um homem baixo e rechonchudo fazia-se acompanhar de uma dezena de amigos sorridentes. Ele, o homem baixo, olhava-me com insistência. Adonias sussurrou: *é Assis Chateaubriand*.

Eu conhecia bem o filho dele, Fernando, da Rádio Tamandaré. Anos mais tarde, quando brigou com o pai, saímos algumas vezes. Mas Fernando evitava lugares públicos, pois dizia que ao meu lado se sentia muito Eddie Fischer, referindo-se ao então marido de Elizabeth Taylor, meio apagadinho.

Mas estamos em 1953 e estou indo para Londres com uma frasqueira cheia de remédios, seringas e ampolas de Eucaliptine. Chateaubriand cumprimentou Adonias e comentou que eu parecia *uma bálcã*. Eu e Ricardo sorrimos, comentando que o Cavalcanti não gostaria de mais essa. Para o meu querido diretor era um sacrilégio não me achar uma autêntica nordestina.

Da escada do avião, muito *star*, acenei para um Adonias alegre e um Ricardo contrafeito. Eu estava ligeiramente gripada, mas com os olhos brilhando muito e ele sabia que era febre.

Tomei remédio para baixar a febre, mas quando entramos na tempestade, comecei a sentir falta de ar. Ocorreu-me a Eucaliptine, mas os comissários de bordo não permitiram até o Assis Chateaubriand interferir. Tomei a injeção, melhorei e em Dakar tomei uma mistura de ervas que ele mandou providenciar. Aquele homem sabia de tudo e era um grande sedutor.

Como passei o inverno no Rio e cheguei no inverno na Inglaterra, perdi a cor de Olinda na pele, o tom avermelhado dos cabelos e as sardas apareciam mais. Sentia-me feia e doente. E doente estava. Tossindo, pontadas nas costas e febre. Antes que eu mandasse um cartão-postal para Ricardo, recebi uma carta pedindo para que eu voltasse, caso piorasse. Mandava um endereço de pensão, nas Laranjeiras, e de um lugar onde eu poderia me tratar.

Roberto Paiva, amigo e colaborador de Chateaubriand, tomou todas as providências para que voltasse ao Rio, onde os dias agora eram nublados, mas continuavam quentes.

Reagi bem logo no começo do tratamento, mas continuei sigilosamente em Piracicaba para onde fui.

Graças à intermediação de Madame Elke, minha empresária, única pessoa a saber que eu tivera uma recaída, fui muito bem tratada pela produção de *Os Três Garimpeiros*.

Era novamente outono e muito frio.

Fora e dentro da minha vida o Sol era frio e ausente. Alegravam-me as cartas de Olinda, do Recife e do Rio, onde permanecia Ricardo, enciumadíssimo com as fotos que jornais e revistas publicavam de Alberto Ruschell e eu, como dois namorados. Que fomos, durante essas filmagens.

Com Alberto Ruschel, em cena de Os Três Garimpeiros, *Piracicaba/SP, 1954*

Nas filmagens de Os Três Garimpeiros, *1954*

Com Alberto Ruschel em Os Três Garimpeiros, *1954*

Com Helio Souto e Gaetano Gherardi em Os Três Garimpeiros

Mas na minha primeira folga peguei um avião e fui viver num hotelzinho do Catete *Uma Noite no Rio*...

É estranhíssimo como essa música, de um velho filme, me traz melancolia. E é dela que eu me lembro, a miúdo, quando caminho pela Praça Paris e ouço a voz da minha mãe. Ela tem uma bela voz e cantava profundo e triste:

E o amor nasceu
em uma noite no rio,
em um café numa noite de estio.
Um sonho então viveu.
Ele a sorrir lhe diz:
quero que sejas só minha...
E ela responde que a sorte mesquinha
não quer vê-la feliz.
Esqueça, ela lhe pede a chorar
mostrando que não pode
as cadeias do destino de repente quebrar.
E ela se foi, então,
deixando a alma no rio.
Levou consigo um mundo vazio
que é seu coração...

O coração vazio

Ricardo não me amava – acredito. Amava Maria, a dona da pensão onde viveu, que se desdobrava em cuidados de toda ordem. Dedicava-me a solicitude e o carinho próprios a uma criança doente. Não parecia me desejar, nunca tomava a iniciativa, apenas aceitava os meus agrados e sorria – o que me desconcertava e tolhia. Mas de algum modo eu era importante, vital.

Ricardo me alimentava, não saciava. Daí muitas vezes eu fazer o tipo nostálgico de boates, indecifrável e lacrimejante.

Contudo, meu tempo de boate Oasis, boate Michel e Nick Bar duraram pouco. Antes de a filmagem de *Os Três Garimperiros* terminar, Alberto Ruschell, que me acompanhava ao violão nas *canjas* e também cantava, desde os tempos de *Quitandinha Serenaders*, foi para a Espanha já de amores com Marisa Prado, então mulher de Fernando de Barros.

No Grande Hotel de Piracicaba eu era assediada por Alberto Severi, Carlos Coimbra e Konstantin Takazenko para fazer o filme *Armas da Vingança*. Li o argumento, que me pareceu folhetinesco e não me interessei pelo papel principal: a mocinha que se casa obrigada pelo pai por questões financeiras. O italiano Alberto Severi era um homem polido, de riso educado, mas desabou a rir quando lhe expliquei por que não faria o filme:

Na assinatura do contrato do filme Armas da Vingança, *com Alberto Severi, Walter Guimarães Motta, Michel Selecke, Konstantin Tkaczenko e Hélio Souto*

Com Darcy Coria (Miss Corinthians e mãe de um filho de Massaini), em Armas da Vingança

– Ora, Alberto, eu não tenho cara de quem se casa obrigada pelo pai. E jamais me casaria por dinheiro.

Ele argumentou que era cinema e que os personagens nada têm a ver com os atores.

– Como não? – retruquei. *Num* big close up, *quando a câmara filmar dentro dos meus olhos, lá estará a camponesa Maria.*

A camponesa Maria, um papel secundaríssimo, era estuprada pelo usineiro Luigi Picchi e no final o matava. Sempre fui fascinada pela violência e matar um homem no filme era uma ideia excitante.

Alberto Severi sumiu por duas semanas e voltou com um novo argumento, realçando o papel da camponesa Maria. Concordei em fazer o filme, que acabou sendo um grande sucesso de bilheteria e detentor de vários prêmios.

Durante as filmagens aproximei-me de Carlos Coimbra, o codiretor, que dirigiu as melhores cenas do filme e que, por sorte, são as minhas.

Armas da Vingança consolidou o meu nome junto ao grande público e me propiciou uma temporada de alegria e enriquecimento. Além

Em Armas da Vingança

Em Armas da Vingança

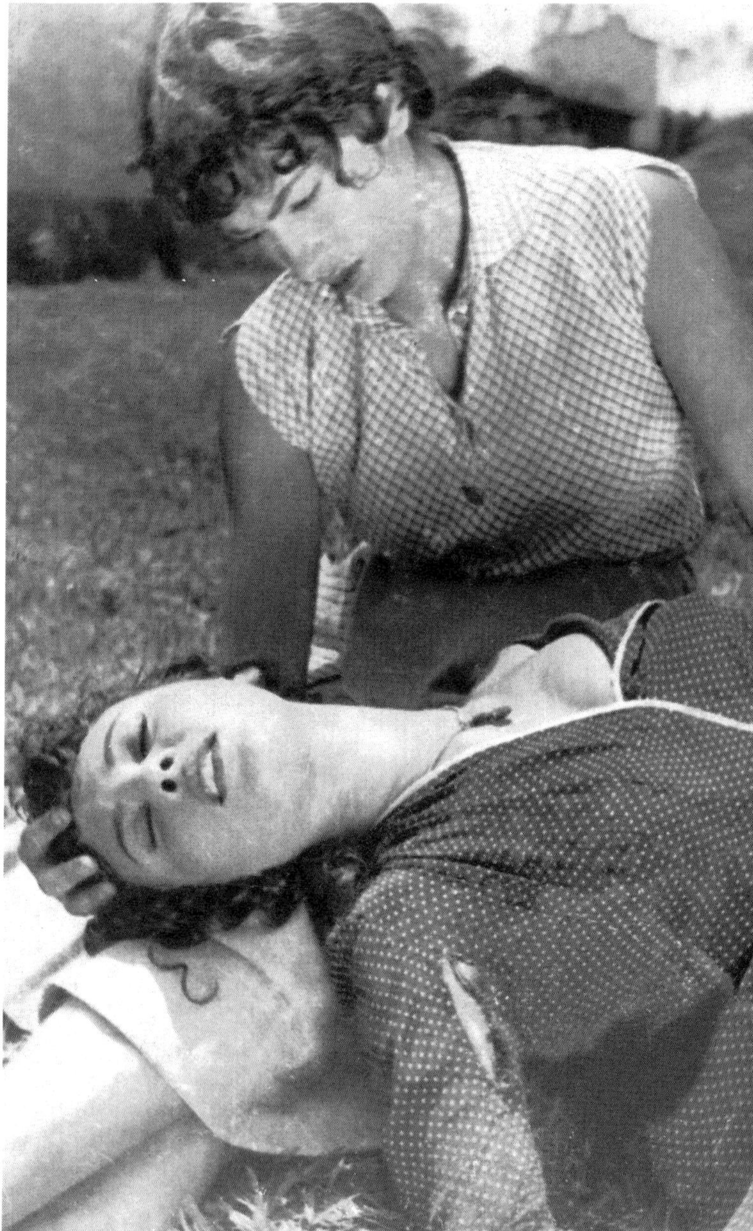

Em Armas da Vingança, *com Darcy Coria, 1957*

Com Luigi Picchi, em Armas da Vingança

de Carlos Coimbra, com quem eu faria mais tarde *Crepúsculo de Ódios* e *A Morte Comanda o Cangaço*, fiz outro trabalho com Konstantin Takazenko, produtor de *Fronteiras do Inferno*, de Walter Hugo Khouri, e me deu Luigi Pichi como parceiro nas horas de folga, grande contador de histórias e anedotas que era. No total, fiz três filmes com Luigi: *Armas da Vingança*, *Fronteiras do Inferno* e *Crepúsculo de Ódios*. E com Hélio Souto fiz *Os Três Garimpeiros*, *Armas da Vingança* e também *Fronteiras do Inferno* – que nos aproximou mais.

As locações de *Armas da Vingança* foram na Usina Tamoio, da família Morganti. Hélio Souto terminou casando com Maria Helena Morganti, que me parecia uma mulher sensível e tímida. Foi um casamento comentadíssimo na época, mas eu nada soube além do que foi publicado. Hélio e eu mantivemos sempre uma relação distante e cortês nos dois primeiros filmes. Em *Fronteiras do Inferno*, com as dificuldades da versão em inglês, trabalhamos juntos em nossos papéis e fofocamos um pouco sobre os nossos companheiros, pois o que não faltou nessa produção foram as fofocas e as maledicências inconsequentes.

Victor Merinov, ator e maquiador russo, fez a maquiagem do filme e estava sempre comigo às seis horas da manhã. O filme tinha também Bar-

Teste para o filme Fronteiras do Inferno, *1958*

bara Fazio, Lola Brah e Lyris Castellani no elenco. E o Victor invariavelmente perguntava, mordaz, por que somente eu tinha que começar tão cedo a maquiagem. Eu responsabilizava a minha juventude, mas ele insinuava que o Khouri queria me ver derretida no fim do dia. Afinal, fui imposta no elenco pelo produtor Konstantin Takachenko e numa entrevista à *Filme e Cultura* Khouri me chamou de *produto comercial*. E era exatamente isso que Konstantin esperava que eu me tornasse.

Uma nova viagem à Europa despertou-me o interesse pelo teatro. Antes eu ensaiara exaustivamente com Flamínio Bolini, diretor teatral italiano que fez milagres com a minha mui amada Maria Della Costa. Convivi com o ator Armando Bogus, uma criatura deliciosa, que na peça *Esses Fantasmas* fazia o meu marido traído.

Mas foi o Grand Guignol que me fascinou, pelos efeitos e pelo sangue... mas isso já é outra história.

No extinto Teatro Santana, na rua 24 de Maio, onde encenei a peça espanhola *O Caso da Mulher Assassinada*, vivi momentos de intensa emoção.

A peça foi um sucesso de público e as galerias lotavam com ingressos mais baratos que os de

Na peça O Caso da Mulher Assassinada, *Teatro Santana, 1956*

cinema. Diariamente eu atravessava um corredor ladeado de flores e entrava no camarim sem uma flor, pois sou alérgica a elas, embora ame as rosas amarelas e adore margaridas.

O contato direto com o público para mim foi o grande barato do teatro. Tendo tido boas críticas com *Entre Quatro Paredes*, talvez a maior emoção da carreira, sendo aplaudida no Teatro Santa Isabel com *A Compadecida*, foi no Teatro Santana que reconheci o meu público. Representava com prazer e confraternizava diariamente com os meus colegas e parte do público.

No teatro Santana vivi uma festa.

A engrenagem do sonho

O cine Cordeiro era o que mais se poderia chamar de *poeira*. As cópias chegavam em péssimo estado, riscadas, o som era o de um caixote e a projeção, escura. Mas essa era a parte boa, pois aumentava a magia.

Sou apaixonada por cinema desde tempos imemoriais. Era tão pequena quando assistia aos faroestes, que me perguntava se não era uma ruindade sacrificar tantas vidas para fazer um filme. Eu pensava que os personagens eram mor-

Se preparando para entrar em cena de O Auto da Compadecida, *Recife*

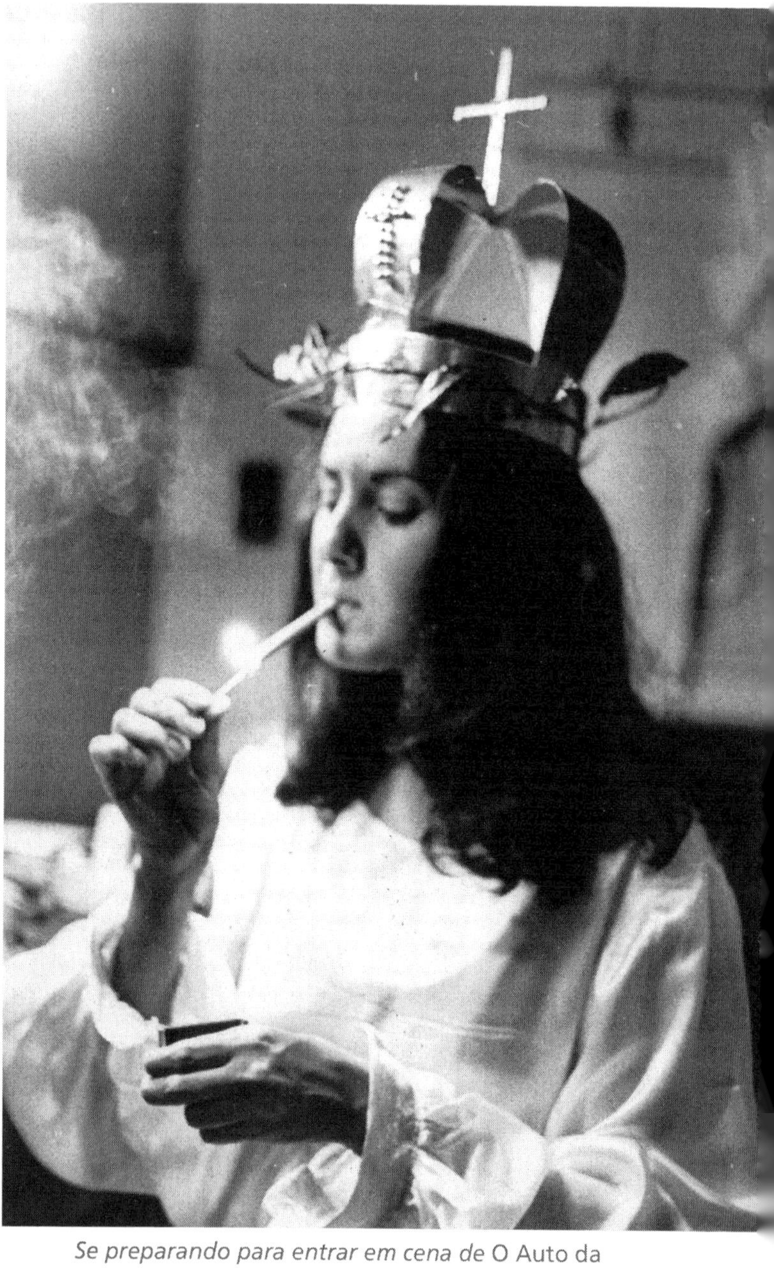

Se preparando para entrar em cena de O Auto da Compadecida, *Recife*

tos mesmo...! A outra questão longínqua eram as cópias riscadíssimas. Cheguei a perguntar ao projecionista por que só se filmava debaixo de chuva... Então ele me explicou as primeiras implicações do mercado cinematográfico: o País grande, poucas cópias para tantos cinemas, projetores sem manutenção, velhos, ultrapassados... comecei a me inquietar antes dos dez anos!

O projecionista deu-me os primeiros fotogramas, que eram da antiga *Paixão de Cristo* ou *Mártir do Calvário*. De posse dos fotogramas, junto com meus irmãos de criação, elaboramos um projetor de... fotogramas. Não era um brinquedo incomum, na época. Mas era uma brincadeira de meninos, mais criativa. Com as raras amigas só brincava de comidinha... que eu comia depois de fazer. O projetor, montado numa caixa de sapatos, tinha uma janela, uma lâmpada de onde eram retirados os filamentos e cheia de água e um embrião de carretel. O que eu sei é que a geringonça projetava os fotogramas na fronha branca, a nossa tela. E tudo isso no escurinho dos nossos quartos.

No cine Caxias, em Duque de Caxias, Estado do Rio, onde passei um pedaço da infância, assistia a dois filmes e a um seriado todos os domingos.

Namorei pouco no balão do cine Moderno, no Recife, pois queria assistir aos filmes. Enfrentei filas enormes no Trianon para ver o neorrealismo italiano e os grandes faroestes no Art Palácio. O São Luiz era o cinema do truste do Severino Ribeiro, que lançou *O Canto do Mar, A Morte Comenada o Cangaço* e muitos documentários que fiz. Inclusive o primeiro.

Para ingressar na Associação de Cinegrafistas Amadores do Brasil era preciso fazer um filme e mostrar à comissão. A minha primeira realização foi em 16 mm. Era sobre o delírio de uma jovem – eu – pivô de um combate mortal entre dois lutadores que ora eram homens ora eram estátuas de mármore.

Aliás, constato agora que ser pivô chegou a ser uma fixação em mim. Certa vez, conversando com o pintor Walter Levy, um homem sofrido e sério, consegui lhe arrancar uma risada quase plena. Confidenciei que o meu grande desejo era sair no jornal numa imagem tirada de uma foto 3x4 com uma legenda: *O pivô da tragédia*. Essas mulheres que provocam crimes nunca me parecem sacanas – elas sempre me parecem fortes.

Estive em outros filmes amadores até participar da equipe de um documentário em 35 mm sobre o carnaval pernambucano. O cinema São Luiz exibiu junto com o filme *Uma Rua Chamada Pecado* e foi um êxito.

Mais adiante participei da fase preparatória da produção de *Sargaço*, que não chegou a ser realizada por Teofilo de Barros Filho.

Outro filme que não chegou à película: *Nas Garras do Destino*, projeto de Romain Lesage, onde Ricardo trabalharia. Ver *Uma Relação Íntima*.

Finalmente Cavalcanti chegou ao Recife para fazer *O Canto do Mar*. Junto com a turma da Associação de Cinegrafistas Amadores do Brasil fui recebê-lo no aeroporto e levá-lo com todo o filme rodado nas latas, pré-montado por José Canizares.

Durante várias semanas estive com Cavalcanti escolhendo locais, fazendo contatos e testes para os diversos papéis.

Uma tarde, eu cruzava a Rua Nova para ir ao Bar Savoy encontrar meus amigos poetas e tomei um susto quando vi nas bancas *Folha de S. Paulo* com uma foto minha na primeira página e a legenda: *Cavalcanti descobre uma nova estrela*.

Sempre me imaginei por trás das câmaras... mas quem era eu para dizer que Cavalcanti estava errado?

Teste do filme não realizado Sargaço, de Theofilo de Barros Filho, Recife, 1951

Cavalcanti no Recife

Alberto Cavalcanti chegou ao Recife logo após o estardalhaço das notícias da imprensa local. O internacionalmente famoso e discutido cineasta vinha para refilmar no Nordeste a sua obra-prima de 1927, *En Rade*, argumento seu. É a história de um jovem que sonha com os navios que desaparecem no horizonte levando a terras promissoras. E um nordestino já estaria na pele desse jovem de França, pois as ânsias íntimas são sempre as mesmas.

Sinto tanto o tema, que anos mais tarde, no cine Bijou, em São Paulo, chorava a ponto de abandonar a sessão de *América, América – Terra do Sonho Distante*. Claro que assisti ao filme inteiro uma vez, pois mais de uma vez não daria...

Em Paris, Cavalcanti fora o responsável pela cenografia de vários filmes de Marcel Lherbier e integrara o grupo da *avant-garde*, mas para nós, da Associação de Cinegrafistas, importava a sua atuação decisiva no desenvolvimento do cinema inglês, via a escola documentarista britânica. E fomos ao aeroporto receber o documentarista.

Em minha casa de Olinda o reboliço havia começado pela manhã. Amigos e conhecidos vinham avisar que aquele era o dia. Até a minha mãe se abalou de Apipucos para me avisar. Na verdade, todos pareciam ter consciência de que eu faria cinema como profissão. É poderosa a mitificação da tela, mas o grande fascínio para mim sempre esteve por trás das câmeras. Para mim, cinema é um trabalho manual... que usa máquinas.

Quando produzi *A Morte Comanda o Cangaço* acompanhei, junto com Oswaldo Cruz Kemeni, que seria premiado pelos serviços de laboratório, a seleção de cores, os filtros colocados cena por cena – trabalho de ourives.

Cavalcanti chegou com parte da equipe. Cyril Arapoff, russo naturalizado inglês, era o fotógrafo e só falava com Cavalcanti, mesmo assim com dificuldade. Ricardo Sievers, arquiteto argentino, que estudou também na França e Suiça, quase não falava. Era o cenógrafo. Oswaldo Kathalian, o assistente, era o mais próximo a todos e o único falante. Inteligente, comunicativo, com extraordinário senso de humor, fez todos os filmes de Cavalcanti no Brasil. Gosto muitíssimo dele.

Oswaldo Kathalian tem hoje um conceituado escritório de arte, é muito relacionado e querido. Seria perfeito se não tivesse aquela tendência de achar que gente rica é sempre maravilhosa. Não diz, mas a gente sente que acha. Não chega a ser um defeito, porque é mesmo intrigante que tão poucas pessoas tenham tanto dinheiro. Gosto muito das observações que Oswaldo costuma fazer. Ele diz que depois que envelheceu tornou-se invisível. Ninguém olha mais.

Mas no Recife toda a equipe chamava a atenção. A maioria feita de homens altos e roupas incomuns. As calças de Arapoff eram sempre coronhas – ou pesca-siri. Oswaldo usava largos cintos bolivianos e a beleza de Ricardo Sivers se destacava no tom pastel das roupas despojadas.

Cavalcanti *a priori* demonstrava ter tido boas escolas. A Escola de Belas-Artes de Genebra, onde se formou em Arquitetura, talvez tenha sido determinante. Era um homem fino e culto. Sensível, importava-se com os comentários maldosos da imprensa. Davam versões às suas desavenças com a Vera Cruz, onde produziu *Caiçara*, *Terra Sempre Terra* e o curta-metragem *Painel*, de Lima Barreto. Esqueciam o êxito de *Simão, o Caolho*, rodado na Maristela.

Cavalcanti foi convidado por Getúlio Vargas para redigir o projeto para a criação do Instituto Nacional do Cinema – que só seria fundado muitos anos depois por Flávio Tambellini.

Durante todo o tempo que Cavalcanti esteve no Brasil, eram tantos os jogos de interesse e as fofocas maledicentes, que foi realmente impossível implantar algo definitivo. Lembro-me de um jornalista, dito intelectual, que a minha memória seletiva fez questão de lhe apagar o nome, que escreveu: *Não assisti à exibição de* O Canto do Mar*, mas as notícias que tenho de quantos viram o filme...*, como se fosse possível analisar um filme via terceiros, com outras vivências, culturas e travos.

Pessoalmente eu achava o meu diretor muito rabugento. Queixava-se muito. No fim do dia, invariavelmente enrolado num roupão de banho na sua cabine na Escola de Aprendizes Marinheiros, queixava-se. Uma romaria de desilusões. Geralmente eu não escutava as lamúrias até o fim. Ia tomar cerveja no Savoy.

No bar Savoy em 1952 tomar *chopp* era uma festa. Era o lugar onde o poeta Carlos Pena Filho assinava o ponto e nos deliciava com a sua poesia. Acredito que todos os poetas daquela geração beberam da sua fonte e se aprofundaram no gosto pela palavra exata. Deixei de ir à Sorveteria Sertã, onde invariavelmente me perguntavam com quem Cavalcanti se deitava. Repugna-me esse tipo de preocupação com um homem que se martirizava com os nossos problemas sociais, com o nosso país e que tentava fazer coisas importantes para o cinema brasileiro.

Somente uma vez falamos sobre homossexualidade. Creio que era especificamente sobre a sua que falava. Foi entre as lamúrias na Escola de Aprendizes Marinheiros. Ante os trejeitos de um de seus assistentes, pedi a sua opinião sobre as momices que via de regra fazem os homossexuais. Ele respondeu que homossexual não faz momices, nem imita mulher, mas o complicador que habita na sua ancestralidade. Um homem deseja ou ama outro homem porque é homem, e muitas vezes tentar parecer mulher não ajuda... Colocou um ponto final no assunto dizendo que o tema daria uma filmografia e acendeu outro cigarro.

Quanto à filmografia, o Festival Internacional de Cinema de São Paulo que o diga... Tenho visto belos filmes sobre o tema nos festivais de Leon Cakoff. Mas continuo achando que a sexualidade tem faces obscuras e a sexualidade dos outros, em particular, nunca me interessou muito. Sequer descobri o que se quer dizer quando se afirma que uma pessoa é boa de cama.

Mas voltemos a Cavalcanti no Recife. Walter ajudou na escolha das locações e eu integrei a equipe desde o começo, colaborando na escolha do elenco, contracenando com os candidatos e acalmando a figuração quando não recebia o cachê do dia. Eu explicava que estávamos colaborando com um grande artista na realização de uma obra, mas os caiçaras queriam mesmo era o seu dinheirinho prometido. As coisas iam mal quando recebemos a visita de Yolanda Penteado.

O coro grego alardeava que ela comprava barato as obras de arte que ele possuía e vendia quando faltava dinheiro. Mas o fato é que durante os dias em que ela visitou as filmagens trabalhamos pouco, comemos muito bem – não os sanduíches de peixe frito que o Kathalian arranjava – e Cavalcanti parecia feliz. A visita deu sorte, porque Getúlio arranjou mais negativo virgem e o ambiente de produção parecia mais leve.

José Canizares, um espanhol competente, ia montando o copião. Eu ficava até tarde com ele, junto da moviola. Cavalcanti, como muitos diretores da época, não queria que os atores vissem o copião. Mas vi tudo desde o começo, inclusive a repetição das cenas da grande atriz Margarida Cardoso. Ela chegou a ter a cena 15 vezes filmada e Cacilda Lanuza, também boa atriz, repetia de cinco a dez vezes. Eu ficava prosa porque acertava na terceira ou quarta tomada... Recentemente revendo o filme constatei que os papéis delas eram muito mais difíceis. O maquiador Jorge Pisani, que veio para o Brasil depois de ter feito mais de 80 filmes na Argentina, achava que eu tinha uma cena perfeita: no pesadelo do protagonista, fazendo Nossa

Leitura de texto de O Canto do Mar: *Cacilda Lanuza, Margarida Cardoso, Alfredo de Oliveira, Débora Borba, Hermildo Borba Filho, Alberto Cavalcanti, Recife, 1952*

Senhora da Boa Morte – uma cena de segundos. Pisani passava o tempo todo molhando os meus cabelos por causa de um fato curioso: eu tinha lavado a cabeça e fui com os cabelos molhados receber Cavalcanti no aeroporto. Ele deve ter gostado, porque acabei fazendo todo o filme com os cabelos molhados pelo Pisani. Ríamos muito às escondidas do nosso rabugento diretor. Eu e o Rui Saraiva também rimos muito depois da cena do beijo, que foi cortada pela metade. Na cena inteira o Rui me beijava e eu ia por cima dele num beijo sôfrego. Era uma cena difícil, por ser muito próxima da câmera e por haver movimento, nosso e da câmera. Estávamos atentos e compenetrados, mas quase estragamos a cena, pois o nosso diretor depois de ordenar *Câmera! Ação!* disse fortemente: *Beija!* É difícil beijar com uma ordem tão ríspida. Para beijar, nada como a direção do Carlos Coimbra, que docemente beija com a gente...

Além de Kathalian e Canizares, da equipe de *O Canto do Mar*, fiquei muito amiga do crítico de cinema e cronista social José de Souza Alencar, o Alex, que foi o assistente de Cavalcanti mais afinado.

Quando a equipe partiu a cidade pareceu vazia. Apesar da urubuzada, todos sentiram que por ali passara uma grande personalidade, um

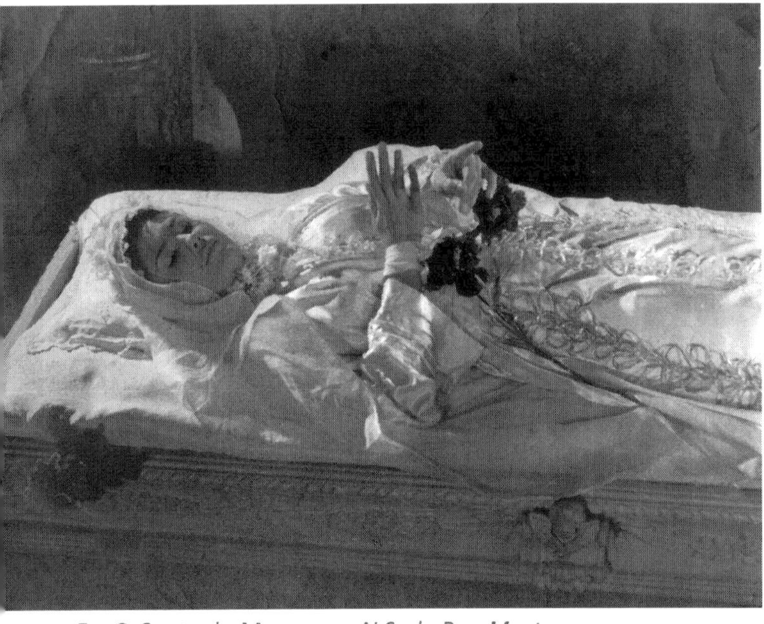

Em O Canto do Mar, *como N.S. da Boa Morte*

grande cineasta, um homem de respeito. E era com Alencar que eu falava do vazio da cidade e da herança que ele nos deixara. Saímos enriquecidos por mais de um ano de vivência com um pedaço da história do cinema mundial, tentando engrandecer o nosso desencontrado cinema.

Reencontrei Cavalcanti várias vezes em festivais internacionais, recebido como nunca o foi aqui.

Nosso primeiro reencontro foi na casa de Yolanda Penteado e depois na sua belíssima fazenda.

Nosso último encontro foi na extinta Vera Cruz. Uma revista fazia uma matéria sobre os estudiosos e por equívoco me convidaram. Eu apenas trabalhei com muitos técnicos da Vera Cruz e fiz *Fronteiras do Inferno* no tempo da Brasil Filmes. Mas foi bom ir a São Bernardo e despedir-me do meu diretor.

Cavalcanti me contou que estava no Rio cuidando da produção de um filme que não chegou a realizar. Estava no Hotel Castro Alves e não tinha dinheiro para pagar o hotel. Ali mesmo expus o fato a um representante da Embrafilme que me encarregou de resolver o assunto. Foi fácil.

No fim da tarde a reportagem chegava ao fim e caminhamos pelo estúdio B, enquanto ele falava

PRENSA — BUENOS AIRES, 3 DE MAYO DE 1953

EL CANTO DEL MAR"

...téntico pescador de la ... pernambuquenses que ... notable intervención ... película de Cavalcanti.

...á de constituir segura... ...te una vigorosa expre... del cine brasileño de ... canto do mar", a cuyo ... acaba de poner término ... ambuco el famoso direc... ...rto Cavalcanti. Este rea... de prestigio internacio... ...quitecto, escenógrafo, ... productor, impuso la ... de su personalidad en ... de Francia e Inglaterra ... con su obra uno de los ... más interesantes de ... ...ria del séptimo arte ... René Clair, Epstein, ...ance, Feyder, Renoir y ...aestros. Cavalcanti es el ... de "Rien que les heu... ...petite Lilie", "Le train ...", "En Rade", "Nicho... ...leby", "Dead of Night", ... Fracasso", y de una ... sistemática e histori... ...ine realista. "O canto do ... ...rre la historia de una ... de camarera de un bar ... amada por dos hom... ... marinero loco, impe... ...embarcarse a causa de ... y el hijo de una la... del barrio. Este último ...ando con viajes imposi... ... una vida libre y dis... ...os de la sombría sordi... ... rada. Planea una fuga ... camarera pero, llegado ...ento, una circunstancia ...pide la realización de ...ueño. El muchacho se ... su casa junto a su ma... ...el marinero, creyendo haber perdido la única razón que lo ligaba a la vida, se interna mar adentro en una barca, dispuesto a quemarse en el fuego azul. Son principales intérpretes del "film" Rui Saraiva, Aurora Duarte, Miria Nuñes y auténticas figuras del lugar. Los decorados y ambientaciones corrieron a cargo del escenógrafo argentino Ricardo Sievers. La producción es de Kino Filmes.

El director Cavalcanti y el escenógrafo argentino Sievers examinan una estatua de la Virgen de Pernambuco, reliquia histórica que aparece en "O canto do mar".

...Duarte, la principal intérprete femenina de la historia, ...vando en auténticos escenarios recifeños.

Raúl Sarpina y Miria Nunes, la juvenil pareja de la historia realizada sobre un fondo de intensa sugestión marinera, en dos escenas de "O canto do mar", "filmado" en el pintoresco Recife.

Recorte de La Prensa de Buenos Aires, sobre o filme El Canto Del Mar, *03/05/1953*

No Cine São Luiz, Rio, lançamento do filme O Canto do Mar, *1953*

ainda dos erros da Vera Cruz. Mas eu não estava impaciente. Ouvia e tentava compreender. Sinto raiva, mas não sou sujeita a depressões. E não chego a perceber direito as pessoas sujeitas a grandes depressões. Várias vezes estive com um Cavalcanti deprimido e eu lhe dizia que a depressão não é uma força vital. É para baixo. Mas naquela última tarde estive com um velho que procurava reunir forças para através do cinema expressar o seu amor pela sua gente e pela sua pátria – que não o aceitou de volta.

Cav e o poder sem responsabilidade

Fui ao cinema Moderno com o meu diretor assistir *O Transgressor*, um policial psicológico que ele dirigiu em 1948 para a Associated British Pictures, onde, dois anos depois da minha estreia no cinema profissional, conheci Richard Todd, astro do filme. Cavalcanti contara das dificuldades que tivera com boa parte da produção sendo rodada com Todd com uma perna engessada. Possivelmente pelo meu péssimo inglês, o ator não atinou para o comentário que fiz na ocasião e o intérprete me forneceu uma resposta estapafúrdia. Mas o pequeno grupo que assistiu ao filme ao lado do diretor teve uma aula inesquecível. A obra é precisa na composição fotográfica, integrada à cenografia e utilização de som.

Inovador na maneira de enquadrar, nesse filme está muito forte e integrante, o clima. O clima de *Rien que les Heures*, que junto com *En Rade* foram importantes no movimento vanguardista.

Este filme, preciso em seu rítmo, talvez por não conter o suspense surrado dos policiais e mergulhar substancialmente no egoísmo e no medo, na inconsciência do culpado que deixa que outro expie o seu crime, foi alardeado como obra menor.

No Brasil, Cavalcanti foi muito cobrado pelo lado político, pela sexualidade e por ser arrogante... Arrogante sou eu que me recuso até a falar com gente feia. Cavalcanti se preocupava também com a opinião da arraia-miúda. E foi massacrado pelos que desconheciam a sua longa e importante trajetória artística, desde que voltou ao Brasil em 1949. Convidado por Assis Chateaubriand e Pietro M. Bardi para fazer uma série de palestras no Seminário de Cinema do Museu de Arte de São Paulo, acabou sendo fundamental na estrutura da Vera Cruz, importando material e técnicos que determinaram o nível das produções daquele estúdio. Desligado de Zampari, presidiu a comissão que Getúlio Vargas encarregou de preparar um Instituto Nacional de Cinema, segundo ele mesmo, *debaixo das críticas e perseguições de toda sorte*. Escreveu o livro *Filme e Realidade* e dirigiu os três filmes fundamentados na realidade brasileira: *Simão, o Caolho, Mulher de Verdade* e *O Canto do Mar*. Sobre esse filme, o nosso inesquecível *Presidente* Almeida Salles comentou: O Canto do Mar *parece-nos uma obra de confissão total. Todas as influências recebidas por Cavalcanti, na cenografia, na vanguarda francesa, no documentário inglês, a sua natureza sensível, a sua psicologia de exilado que volta ao seu país... Não pode ser considerado uma obra realista. O sentido é poético, transfigurando em todos os momentos a realidade, inserindo-a num contexto lírico que dá unidade e significação. Estamos em face da primeira fita brasileira que opera uma transposição do Brasil para a tela, sob a inspiração de um sentimento lírico predominante. Não foi sem intenção que Cavalcanti caracterizou-o como um canto*. Almeida Salles sabia das coisas... E Cocteau, que em Cannes soltou aos quatro ventos: *Cavalcanti realizou um filme admirável*. Em 1954 *O Canto do Mar* foi premiado em Karlovy-Vary.

Enxovalhado no Brasil, retornou à Europa e voltou a trabalhar na Inglaterra. Dividiu-se entre o teatro, o cinema e a televisão, na Áustria, Espanha, Israel, Itália, França, Alemanha Oriental e lecionou na Universidade de Los Angeles. Deu aulas no Film Study Center, em Cambridge e em 1972 ganhou a American Medal for Superior Artistic Achievement.

A mim, a Aurora de *O Canto do Mar*, perguntavam, na época do lançamento do filme, se Cavalcanti bebia muito e que tipo de homossexual era. Repeti sempre secamente: *Quanto à homossexualidade, nunca o vi atuando... Bebe? Demais. Mas não é só isso.*

Cav, como era chamado pelos seus colegas ingleses, repetia a constatação de um, que era seu amigo: *Os críticos têm a prerrogativa das cortesãs em todas as áreas. Poder sem responsabilidade*.

Pessoalmente, tenho tido ao longo da minha carreira uma convivência pacífica com a crítica. Talvez por saberem todos, desde o começo, que a minha pretensão é operária. Cinema é o meu ofício. Algumas vezes tive uma crítica elogiosa, outras, um silêncio amigo... e muitos amigos jornalistas. O pessoal da *Folha* chegou a me candidatar a *Miss* São Paulo e apostava que eu chegaria ao trono nos EEUU. No *Estadão* Delmiro Gonçaves, que assumiu a minha poesia antes de todo mundo. Meus companheiros dos Diários Associados e todos os meus irmãos nordestinos, espalhados pela imprensa Brasil afora.

Mas quanto a Alberto de Almeida Cavalcanti, filho de Ana Olinda Rego Rangel Cavalcanti, pernambucana de Olinda, Alberto Cavalcanti, CAVALCANTI, o Cav amado e admirado na Inglaterra, desconfio, intuo – visto não ser pesquisadora e trazer à tona a verdade – que foi expulso do País pelo poder sem responsabilidade.

Cavalcanti morreu em Paris. No Festival de Locarno, em 1988, houve uma retrospectiva com os seus 37 filmes... Nós, brasileiros, a quantos filmes de Cavalcanti assistimos? Quem viu Jean Pierre Aumont em *O Príncipe Regente*? E Trevor Howard em *Nas Garras da Fatalidade*? Mais provável é Michael Redgrave em *Na Solidão da Noite*, e olha lá!

O Canto do Mar me traz algumas lembranças profundamente tristonhas. As filmagens foram interrompidas muitas vezes, por falta de dinheiro. A Kino Filmes levou Cavalcanti a pedir empréstimos locais e ele era ruim de pedir dinheiro. O trabalho era retomado com esforço para preservar a unidade. A equipe grande, feita praticamente de estrangeiros, extasiava-se com o lado exótico e nela havia até mulher grávida de um estagiário, além de muitos assistentes, o que sugeria um grande comboio difícil de arrastar.

Prefiro recordar o meu diretor num botequim de Roma, tomando *grappa* comigo. Estava alegre, falante e saudoso, ora veja! Em Rapallo tomamos vinho, em Portofino...

Cavalcanti bebia? Ah, sim, muito! Mas não era só isso não!

Paixão pela violência estética

Severina me iniciou no cangaço muito cedo. Foi nossa empregada na Chácara de Apipucos e se dizia filha de cangaceiro. Devia ser. Tinha a cara redonda e doce, mas esbugalhava os olhos para me contar histórias de violência.

Era sempre no comecinho da noite, fazendo tapioca, que a prosa ganhava alento. Depois a gente se sentava na varanda e ficava cochichando e bebendo café ralo, fumegante, com cheiro de milho. Por que o café da minha infância tinha sempre cheiro e gosto de milho? Dona Mimi, fazendeira de café no interior de São Paulo, diz que eu tomava café misturado com milho mesmo. Mas isso em outros fins de tarde, anos depois, bebendo um café gorduroso e comendo bolo de fubá com gosto de milho da infância, pois o *tipo exportação* já tomou conta do Nordeste.

Sua mãe, Albertina Gomes de Mattos Perez (a primeira vitrine viva no Brasil)

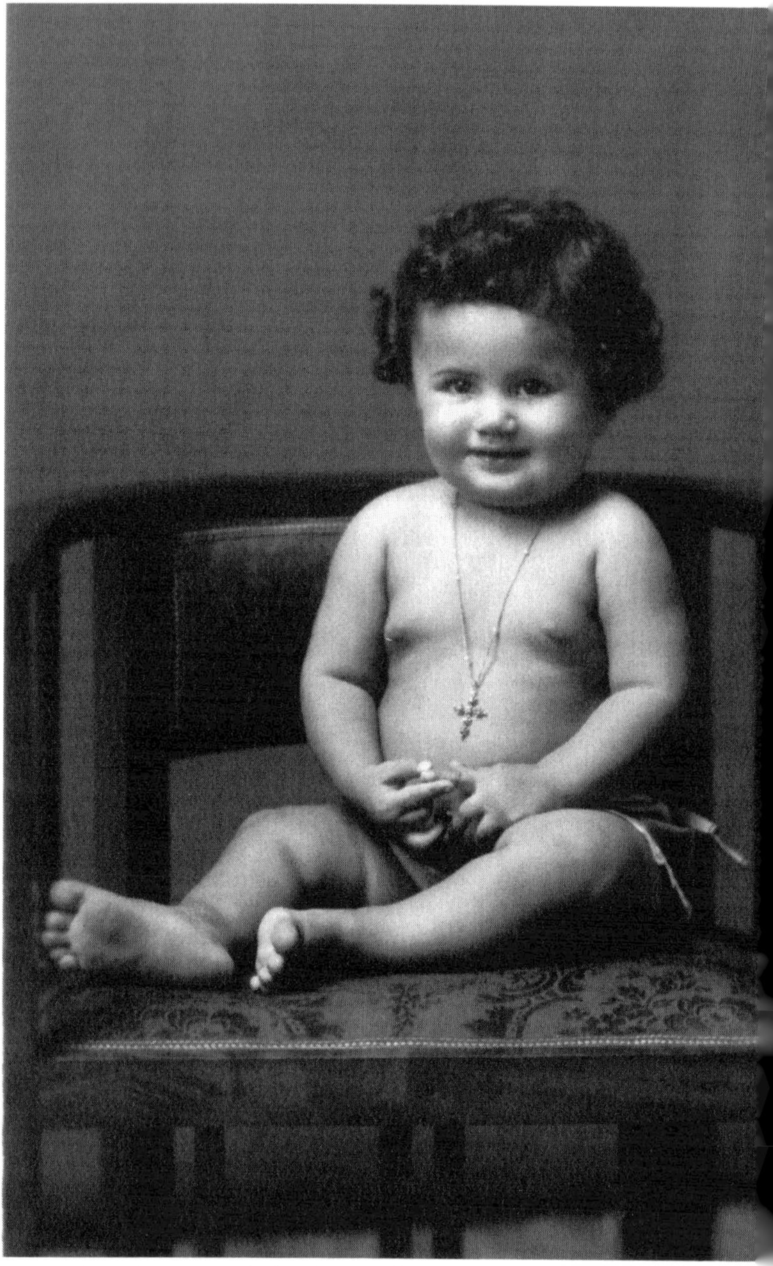

Aos oito meses de idade, Recife

O crepúsculo é a minha HORA DO LOBO, que me desculpe Bergman. Adoro o filme, mas o começo da noite tem mais mistérios. A minha mãe me confiou que tem medo de ficar sozinha nessa hora, entre cinco e seis horas. Apesar de não termos muitas afinidades, nisso estou com ela. Tenho medo do fim do dia e adoro o amanhecer.

Aquelas histórias contadas por Severina eram impressionantes no começo da noite. Durante o dia a gente nem comentava nada, não tinha graça.

Curiosamente, ouvi outros casos contados nas varandas de fazendas do sertão e nas cozinhas dos engenhos – sempre no fim do dia. Exatamente naquele momento em que as árvores vão perdendo a forma e se confundem no breu. Mas os casos de Severina são imbatíveis, porque eram contados com mais detalhes, com mais sangue... O sangue estético de Kurosawa em *Ran.*

O meu padrasto era um militar sem poesia e tinha medo da minha paixão pela violência. Ficou inquieto quando comecei a pegar emprestados livros sobre cangaço, fanatismo religioso e sertão, com as suas injustiças e parcas esperanças. Quase teve um enfarte quando fiz uma dissertação sobre o Caldeirão. Ele me obrigava a ler o dicionário sempre que eu usava uma palavra imprópria e sempre – só – me deu livros sobre formação do estilo.

A última vez que estive com o meu padrasto ele já estava separado da minha mãe e aposentado. Tornara-se muito religioso depois da insuficiência cardíaca. Igual a mim quando tenho crise de asma.

O líder camponês Francisco Julião tumultuou com a sua presença o lançamento do meu primeiro livro de poesia. A rua da Imperatriz, onde ficava a livraria, ficou intransitável. O velho militar rosnou ainda: *nunca pensei que você fosse se misturar com essa gente*. E saíu, deixando-me com *a minha gente*.

Na minha formação o básico foi a poesia, via minha mãe. Minha madrinha me iniciou na literatura via folhetins. Recebia em fascículos semanais Dumas, Maupassant, etc., etc., e tinha um baú – literalmente – de surpresas, que ía de Platão a Descartes. O meu professor de inglês não ensinava inglês, mas ciências sociais e a curtição pelos ensaios. No entanto, a partir das varandas e cozinhas interessei-me mesmo pelo cangaceirismo, injustiças e vinganças. A palavra vingança é tão forte que se pode relegar o que a antecede. Vingar pode ser reparar. Vingar os agravos. Punir o crime. O poeta Ronaldo Cunha

No batizado, aos quatro anos, Recife, 1940

Lima atirou no Buriti em um motorista de taxi paraibano, justificou: *ele atirou na calúnia*. Quantas vezes levantei um tamborete no ar, vociferando contra alguma injustiça?

Acredito em terapias – todas. Tenho acompanhado alguns milagres freudianos, junguianos, lacanianos... mas aquela coisa intrínseca que é o homem permanece inalterada. Essa fera, que mora lá dentro, me interessa tanto quanto a crença de um cangaceiro como Chico Pereira. O pai foi assassinado, ele pediu justiça e ela não veio. Fez justiça com as próprias mãos, entrou no bando de Lampião e um dia convenceram-no a se entregar para ser julgado e no meio do caminho foi morto a coronhadas. Matutei muitas vezes sobre a crença desse homem na justiça dos homens. A fé que teve ao se entregar, ignorando ou esquecendo a engrenagem das guerras perdidas e que somos feitos de barro e sonhos obscuros.

Numa entrevista de vinte anos atrás disse saber capitalizar as minhas neuroses. Hoje não sei mais. Aceito as distorções – minhas e dos outros – como fato consumado e apenas tento destrinçá-las.

O meu padrinho Mathias, marceneiro como São José, contou-me sobre uma experiência que viveu no Acre. Um colega da madeireira onde trabalhava apareceu morto a tiros sem nenhum motivo aparente. Era o pai de uma família numerosa, inclusive com três filhos pequenos. Ele se prontificou a levá-lo para casa, rio abaixo, para que a família fizesse o velório e o enterrasse, como entendesse. Ele fez o caixão com madeira rústica, arrumou o defunto ensanguentado dentro e colocou no bote a carga sinistra. Dispensou um colega como companhia, preferindo ir sozinho, remando, noite adentro. E foi, conversando com o morto sobre a vida, sobre a nossa imensa capacidade de complicar tudo. O amor deveria ser manso como uma pomba, que voasse para longe e para sempre quando não desejasse mais permanecer no lugar. O bom e bonito é que a paixão se consumisse na sua própria chama, sem ao menos deixar cinzas. Um ganancioso deveria ser alegre, sem atropelar ninguém. Rir de um avarento é o melhor que se tem a fazer, pois do mundo nada se leva... O ciclo da vida é tão certinho, os afetos deviam seguir as águas dos rios...

Não aguentando mais, perguntei: *E o morto? Que fez o morto? Pegaram o assassino?* Enquanto ele contava a viagem eu via o barco dentro da noite e sentia o cheiro do sangue jorrado.

A fúria é estética. A fúria pela injustiça é o meu tema. Os temas eternos da luta do homem pelos seus domínios já deram filmes incríveis em todo o mundo. O Brasil é technicolor, como a violência.

E, acima de tudo, é uma gloriosa prestação de serviço mostrar aos nossos semelhantes o quanto nos falta para ser deus.

A fantasia passada a limpo

Aconteceu assim: no exato momento em que fui apresentada a Celso Furtado a luz se apagou. Apenas um rápido aperto de mão na escuridão absoluta. Faltou energia numa noite escura em que havia intenso perfume no ar dos jasmineiros próximos e da maresia distante.

No consulado norte-americano em Pernambuco o Superintendente da Sudene foi apresentado a uma atriz que na tarde daquele dia lançara um livro de poemas. E uma hora depois o mundo não parecia ser o mesmo.

Eu me equilibrava em saltos altos e usava uma essência que a mim mesma entorpecia. Limitei-me a corrigir a apresentação, afirmando ser atriz por acaso e poeta bissexta, mas documentarista por aprendizado e vocação. O Superintendente iniciou um longo monólogo a partir da importância do filme documentário, focalizando aspectos do seu trabalho. Seria um breve discurso sobre miséria e desenvolvimento, dizia com mal contido entusiasmo.

Quando as luzes acenderam já havia ficado estabelecida a minha visita à Sudene na manhã seguinte.

A festa continuou – não para mim. Observei o semblante daquele homem sério e forte que deu pés, e não asas, à sua fantasia, e saí. Tirei os sapatos e caminhei até a praia.

A lembrança de um outro homem me assaltou. Um técnico de efeitos especiais que conheci em Londres. Não parece fazer sentido, mas faz. A vida inteira ele pesquisou os efeitos óticos. *Não me basta ver e sentir a emoção* – disse-me ele —, *quero saber como ela é feita, quero fazer a emoção.*

Celso Furtado queria fazer o Nordeste. Mudar a miséria, mudar a vida, *fazer* outra vida.

Na manhã seguinte, sem sapatos altos, de cara limpa e despojada, fui à Sudene, conheci assessores. O próprio Celso Furtado me entregou a súmula, com tamanho e peso de uma lista telefônica, que eu me propus a ler antes de elaborar qualquer projeto de filme.

Leio devagar e confesso que saí da Sudene assustada com o número de páginas do plano. Como se isso não bastasse, passei numa livraria para comprar algum livro do economista e me senti esmagada ante a empreitada a que me propunha. Carregando a minha bagagem eu não sabia sequer para onde ir. Acabei indo para o Hotel S. Domingos que era o meu refúgio secreto no Recife.

Vou situar melhor a questão: eu tinha casa, família e amigos em Olinda, morava na Chácara Porta D'Água em Apipucos e o Hotel São Domingos era uma espécie de extensão da minha casa. No hotel dos portugueses Dias eu almoçava muitas vezes, lanchava pastéis de nata, marcava compromissos profissionais e ouvia música à noite. Esses ambientes faziam parte da gaiola de vidro em que eu vivia. O Grande Hotel, não. Lá se hospedavam principalmente políticos da região e era um ambiente amplo e tranquilo, fora do meio. Ali eu apenas cumprimentava as pessoas a distância e eventualmente jantava com Aloysio Alves, governador ddo Rio Grande do Norte, amigo casual.

Na gaiola de vidro

Os meus amigos de sempre são pessoas com senso de humor. Não necessariamente engraçados, mas com a agudeza e a profundidade próprias de quem conhece as verdades do mundo e da vida. Para mim, no humor, tão importante como fazer graça é achar graça. São muito ricas as relações com pessoas que fazem a graça e acham a graça das coisas.

Os jornalistas Carlos Acuio, em São Paulo, e Augusto Boudoux, no Recife, foram pessoas extremamente dotadas de senso de humor e riam comigo e de mim e eu ria deles e com eles. Costumo dizer que eles atrapalham a minha vida sexual – o que já é motivo para outros risos.

Quando voltei da Alemanha retomei de imediato a amizade com o Boudoux, que passou a ser a minha companhia mais constante. Boudoux não se mostrava fascinado com a minha carreira cinematográfica e parecia sentir certa nostalgia do tempo em que eu dizia poemas na Associação de Imprensa e cantava onde houvesse um piano. Insistia em que eu deveria voltar a cantar, o que não deixa de ser engraçado. O maestro Mastroianni era uma pessoa paciente e acabei ensaiando meia dúzia de músicas que eu repetia onde quer que fosse.

Apresentava-me no Clube da Aeronáutica quando um jovem se levantou de uma das mesas e deu-me um lenço estampado com a marca *Cinzano*. Fiquei sem saber o que fazer com o lenço na mão, mas fui até o fim. O jovem era o engenheiro químico Ernesto Ugona que trabalhava na Cinzano. No fim da festa, Boudoux fez as apresentações e Ernesto tomou o lugar dele de par constante. E foi nele em quem primeiro pensei ao despregar os olhos do plano da Sudene no Grande Hotel. Que estaria Ernesto pensando do meu súbito desaparecimento?

Liguei para o Ernesto, que ficou sabendo de uma vez só que eu estava deixando o Teatro de Equipe de Pernambuco, a Televisão Jornal do Comércio, os planos para Alfredo de Oliveira, a Chácara de Apipucos e viajava para São Paulo a fim de liquidar assuntos pendentes. Ele perguntou se poderíamos ter um jantar de despedida

e respondi que não, aleguei estar mudando de vida e não queria olhar para trás. Ele falou como um eco *para trás...*, num tom incrédulo.

Desde o meu primeiro contato com Celso Furtado, durante os dois dias do Grande Hotel e em minha viagem a São Paulo não tomei uma só injeção ou comprimido. Não sentia necessidade. E embora não dormisse bem, sentia-me disposta, lúcida e com uma clarividência que, imagino, se tenha na hora de morrer.

E houve realmente uma Aurora que morreu. Aquela que se deixava levar às festas, que chegava a jantar três vezes numa noite para ser gentil, que tomava uísque sem gostar de uísque, a atriz de cinema que representava por força de contrato e que sorria para as luzes.

Dos estilhaços da gaiola de vidro partiu para o voo a documentarista, a profissional de cinema envolvida na produção e distribuição de filmes, a roteirista.

Em São Paulo eu continuava lendo o plano da Sudene, enquanto resolvia pendências, passava uma procuração e mandava Geraldo Cardamone enfiar o apartamento dele no cu.

Voltei ao Recife no final de março de 1964. Tão impregnada estava dos meus projetos que não cheguei a perceber bem o ambiente conflitante.

Na manhã em que Arraes foi deposto eu estava na Sudene recolhendo dados, quando Osmário Lacet entrou na sala e me comunicou com a face de pedra: *o prédio está cercado pelo quarto Exército*. Olhei do alto e vi os tanques por toda a parte.

Quando olhei de novo sobre a mesa, um funcionário recolhia as minhas anotações, meus papéis timbrados e a minha cópia do plano. *Não se preocupe com isso*, disse-me num estranho tom tranquilizador.

Voltei a olhar os tanques. Agora os soldados desciam para prender a nossa fantasia.

A noite de 31 de março de 1964

Tentando parecer o mais natural possível, à saída da Sudene e frente ao ostensivo aparato militar, identifiquei-me e informei estar indo para a Chácara Porta D'Água, em Apipucos. Dentro do táxi meti um tranquilizante amargo na boca e já saindo do centro da cidade me dei conta de que não morava mais em Apipucos. Pensei em ir para Olinda, mas logo desisti da ideia ao lembrar de meus primos e tios. Eu não queria encontrar

ninguém que perguntasse o que estava acontecendo e muito menos o que eu ia fazer da vida. Eu não tinha respostas. Pensei em ir para o Cordeiro, mas descartei a hipótese para não criar problemas para a minha Madrinha e irmãs de criação. Fui então para o Grande Hotel.

Havia intensa expectativa no ar carregado. Acredito que todos os rádios e televisores estivessem ligados.

Da janela do hotel eu olhava o Cáis de Santa Rita e me perguntava como podia ter estado tão alheia ao rumo dos acontecimentos. Eu não sabia de nada, além do Plano Diretor da Sudene e dos meus planos de documentários.

Impaciente, li os jornais do dia com notícias já velhas e folheei a minha agenda. Lá havia um compromisso agendado bem antes da minha viagem a São Paulo. Uma visita a um pintor. E pareceu-me que seria a única coisa a fazer. Lá eu estaria fora de circulação e não deixaria de tomar conhecimento do que acontecia.

Combinara apanhar a minha encomenda naquele dia. Tratava-se de uma aquarela com o tema pastoril, com o Cordão Azul e o Cordão Encarnado. A casa do artista ficava num bairro distante, numa rua escura e muito arborizada. Ele me recebeu diretamente no estúdio onde a temperatura era agradável, graças à brisa que entrava pelos janelões. O trabalho estava pronto e era muito bonito, mas ele não ia me entregar, nem receber o pagamento, porque aguardava a visita de um crítico para ver os seus últimos trabalhos.

A noite de 1º de abril de 1964

Senti-me aliviada ao constatar que não era a única pessoa alienada. O mundo estava desabando e ele aguardava a opinião de um crítico sobre trabalhos sabidamente muito bons.

A crítica sempre me parece demasiadamente pessoal. Gosto de ensaios. Gosto porque gosto, não gosto porque não gosto. Não me recordo de haver lido uma boa explicação de um crítico para apreciar ou não uma obra de arte. Há exceções, é claro. No cinema, Almeida Salles e J. B. Duarte podem ser considerados dois bons exemplos.

Jantei na casa do artista com os seus familiares, frente a uma televisão e muita expectativa. Providencialmente a ceia chegou tarde e acabei dormindo naquela noite no quarto de hóspede.

Na manhã seguinte saí do casulo pela rua arborizada. Na avenida principal passei por uma construção de altos muros onde se lia: *Hospital de Alienados* e pensei que ali mesmo é que eu deveria entrar. Não me perdoava o fato de não ter percebido o que acontecia ao redor. Os manifestos, as Ligas Camponesas...

Naquele mesmo dia deixei o Grande Hotel e fui para o Hotel São Domingos, uma de minhas casas no Recife. Osmário Lacet, assessor direto de Celso Furtado providenciou o pagamento da minha estada e me deu passagem de volta para São Paulo. A nossa conversa foi o mais sucinta possível. Quando ele pediu o meu endereço caí no pânico surdo. Eu não tinha mais nenhum endereço. Eu que tivera tantos! O apartamento da São João, o Morro da Viúva, no Rio, a Chácara de Apipucos, a casa de

Olinda... o apartamento de Jorg em Berlim, a Fazenda Fonseca no Quixadá, Ceará, a Usina Tamio, dos Morganti, foram também de certa forma meus endereços.

Esotericamente Osmário Lacet disse que eu não me preocupasse com nada. Levei anos para entender, pois eu sentia que tinha que me preocupar com tudo, inclusive com os meus papéis que ficaram na Sudene junto com a cópia do Plano Diretor.

O meu tio Paulo esteve presente nos momentos importantes da minha vida: acudiu minhas doenças e financiou meus estudos. Era um homem com algum romantismo, mas muito direto nas coisas práticas. Ponderou que eu deveria deixar o Brasil o mais rápido possível. Meus amigos e colegas estavam sendo presos e se alguma coisa me acontecesse não seria a única a sofrer.

Lógico que a intenção dele não era fazer humor, mas eu achei muita graça quando ele se referiu às minhas mães – a Mãe Velha e a Mãe Nova, meus pais – padrinho, padrasto e pai mesmo – meu marido *que apesar de tudo deve gostar de você* e até aquele exibidor de São Paulo. Ele se referia a Francisco Lucas, por quem sinto um afeto *ad eternum*.

Munida de comprimidos, na manhã seguinte eu embarcava para o Rio e depois Santiago, sem despedidas.

Dias chilenos

O voo tinha escala em Assunção, mas houve pane e os passageiros viveram duas noites paraguaias imprevistas. Eu havia tomado tranquilizante no Recife e reforçara a dose no Rio. Achei tudo perfeito na terra de Stroessner e adormeci num banco do aeroporto na primeira etapa da longa espera. Com todo mundo reclamando, a empresa resolveu pagar o primeiro pernoite num hotel simpático e primário. No começo da noite do dia seguinte – almoçamos no aeroporto – houve uma tentativa frustrada de atravessar os Andes, tivemos que voltar por motivos técnicos. Mas não foi fácil: motores pararam, o trem não descia, a gasolina foi jogada fora para uma aterrissagem de barriga. Finalmente o trem desceu e vivemos uma segunda noite no Paraguay. No terceiro dia um avião nos levou, finalmente, a Santiago.

Os percalços transformaram passageiros e tripulação numa grande família e me deram dois amigos chilenos: José, um conhecedor de vinhos, e Raul, um pianista de boates. José ameaçou várias vezes avisar *ao governo brasileiro* que eu estava jogada num banco do aeroporto de Assunção, enquanto Raul dizia desconfiar de que tal aviso não seria prudente...

Eu imaginava que a primeira coisa que buscaria no Chile seria rever o Pacífico. Em vez disso, me atirei na cama do hotel e dormi 23 horas.

Durante os meus dias chilenos dormi bem, sem tomar soníferos, bebi os grandes vinhos, declamei poemas em boates, ouvi poemas de Neruda. Mas principalmente dormi muito.

E para ser mais clara, devo entrar em peculiaridades da minha saúde. Quando eu tinha oito meses somatizei com o abandono do meu pai e fiquei muito doente. Aos seis anos tive nefrite, pielonefrite e por aí afora. Ao longo da existência meu organismo foi atacado por todo tipo de verminose – que bem podem ter sido somatizações... – e entrei na adolescência com o pulmão fraco. Obviamente, hoje tenho outras mazelas – umas somatizadas e outras que aparecem em radiografias. Mas no Chile tive labirintite – que me acomete sempre quando saio do Brasil – e dor de barriga, que me leva a nocaute quando saio de São Paulo. E dormia muito, como nunca dormi.

As noites paraguaias passei em claro, talvez pelas guaranias e certamente pelo perturbador contato que tive com o gravador brasileiro Lívio Abramo, que vivia em Assunção e desenvolvia um belíssimo trabalho de conscientização artística.

Principiei a dormir bem depois de levar uma queda na escada de mármore do hotel, molhada pela chuva. Eu viajava com um belo casaco branco, felpudo, e ele ficou todo enlameado. Fiquei deprimida, como se também a minha alma tivesse sido maculada. E adormeci no aeroporto, primeiro ouvindo as vozes dos meus companheiros e depois ouvindo as minhas vozes distantes. Daí para a frente pude dormir, mas já não eram mais noites paraguaias.

Bergman lembra dos travesseiros de espuma da infância. E as minhas lembranças foram chegando com o cheiro e o contato com os cavacos na marcenaria do meu padrinho Mathias, carpinteiro como São José. Vieram outras lembranças, mas tão amenas, que passo a falar delas de modo caleidoscópico. O território da infância, os sumidouros, o verde sem flor, a cacimba da casa da dona Nanu de onde brotavam flores imprevisíveis, o pianista cego do meu subúrbio, até as últimas lembranças, fatos e detalhes que antecederam o dia 31 de março.

Limítrofe

O ano de 1963 trouxe-me um pranto fácil e uma angústia que eu não sabia de onde vinha. Somente agora percebo que foi a gestação que desaguou em 1964, quando rompi com os dispensáveis... para mim. A estrutura familiar, a rotina doméstica, as visitas a parentes e, principalmente, a relação com um *marido* tomaram o lugar da festa. No entanto, o meu cotidiano deveria continuar ligado à realização artística e intelectual.

Sempre escrevi. Poesias, contos, novelas e mais tarde roteiros. Lembro-me vagamente que comecei com os acrósticos e com as sete sílabas. Continuei escrevendo e publicando esporadicamente, até me dar conta do tom discursivo que é o meu cacoete involuntário. Mas consegui enxugar e finalmente publicar *O Pássaro e o Náufrago*, o primeiro livro de poemas que teve uma boa e quase unânime crítica. E pelo menos isto é verdadeiro: certamente comecei a escrever antes dos dez anos e a edição é de 1964.

No ano metafísico de 1963 a minha vida profissional rodopiava entre o teatro, a televisão, apresentações e muitos escritos. Eu mudava constantemente a cor dos cabelos, o formato das sobrancelhas, passava dos grandes decotes ao uniforme da China Popular. Como diria meu ami-

No lançamento do livro O Pássaro e o Náufrago, *São Paulo. 1964*

Lançamento do livro O Pássaro e o Náufrago, *São Paulo, 1965*

go Carlos Acuio, *algo não andava bem comigo*. Flutuava entre ambientes e pessoas, mas tinha apenas um amigo íntimo, o jornalista Moysés Gertman, que no Carnaval saiu de monge budista e eu de Madame Nu, a pantera de Saigon, que ao se converter ao catolicismo mandava matar os monges. O poeta Audálio Alves passava-me exercícios poéticos e no dia do meu aniversário foi meu companheiro de roda-gigante. Aliás, sempre adorei roda-gigante e fiz gente como Flávio Tambellini e Paulo Emílio Salles Gomes me acompanharem na brincadeira.

Nesse ano, em meio ao tumulto em que transformei a minha vida, voltei, de modo efêmero, a mergulhar no verde das várzeas da infância em Apipucos. A menina ensimesmada chegou à superfície da mulher que se perguntava em poesia: *Onde o meu País?*

Durante meses vivi uma situação limítrofe. A minha saúde mental dava alguns gritos de alerta. O sono era agitado com os pesadelos da infância: as feras do mobiliário escuro se avolumavam e passava o dia inteiro sem falar, a fim de poder fazer o espetáculo da noite, perdia a voz e vivia com fome. Tinha períodos de introspecção e outros de euforia. Vivia reclusa em Apipucos. Em Olinda sempre estive alegre, mas em Apipucos encontrava a sonhada paz.

Com as muletas dos psicotrópicos cheguei ao ano de 1964, quando em meio a um mar de tempestade aportei no meu país.

Anos mais tarde assisti ao filme de Sérgio Ricardo *Esse Mundo é Meu*. Um belo filme, que teve a carreira comercial interrompida pela censura e por um esquema de distribuição apático. Paguei ao Jarbas Barbosa o que o filme ainda devia de cópias e material e fiz um lançamento festivo no Belas Artes...

Fernando Coni Campos sempre procurou me sacudir da introspecção. Gostava de mim falante, brigando pelas coisas. Briguei pelo belíssimo filme do Ozualdo Candeias, *A Margem*, e por outros filmes que foram assistidos apenas pelos patriotas, como disse um crítico maldoso.

Naturalmente não dá para brigar e ao mesmo tempo alimentar dilemas metafísicos. É preciso ir à luta. E fui. E vou. Ainda tenho para vender metade da alma...

Território da infância - os sumidouros

Minha Mãe Nova e meu padrasto moravam na região das chácaras. Perto do grande açude, que tem um terço escondido pelas baronesas que flutuam à superfície d'água. Perto da Igreja dos padres holandeses.

Voltei a morar em Apipucos em 1961 e só saía de casa para atender a compromissos de trabalho. Era uma belíssima chácara cercada por juncais e com uma várzea que ía até o rio que passa no fundo. Mas quando eu era criança não gostava da casa nem da região. Eu vivia atemorizada, vendo vultos nos corredores e tendo pesadelos com os móveis entalhados e com os estofados. Nos pesadelos, os estofados inflavam e dominavam os aposentos. Eles iam crescendo, crescendo... e quando iam me esmagar, eu acordava. E sempre que ia dormir imaginava que as feras entalhadas nos móveis abriam a boca, onde se formavam bolas de sangue.

Quando fiquei *fraca* e tomava penicilina de três em três horas, via as feras dos móveis avançando para mim, mesmo acordada.

Criança, nunca passeei na várzea, tinha medo dos sumidouros. Os sumidouros pareciam vigiar os meus passos.

Em minha volta a Apipucos, vivi em estado onírico. Caminhava a pé até o Mosteiro onde, diziam, outrora nos saraus só se falava francês. Vagava pelo Poço da Panela do Olegário Mariano e tomava o bote para chegar ao outro lado do rio, onde morava minha Mãe Velha. Também caminhando ia até o Horto dos dois irmãos.

Em Apipucos enfrentei alguns fantasmas da infância. Quando morrer, devo sobrevoar as suas várzeas, se ainda existirem. E tentarei ouvir os muros do Poço da Panela – porque eles falam!

O verde sem flor

Os móveis eram de vime e eu dormia na rede ou numa cama de lona na casa dos meus padrinhos. Eu a chamava de Mamãe Velha e a ele chamava Papai.

Além dos cinco filhos adultos e eu, sempre havia gente agregada.

Era uma casa estreita e comprida de telha vã. Além dos quartos onde as pessoas se amontoavam, havia um enorme salão entre a cozinha e o quintal, onde verdadeiramente se vivia. Ali fazíamos as refeições, os saraus, as festas familiares e ali o Meu Pai tocou ao violão *Sonho de Amor* de Liszt para uma plateia silenciosa e precavida. Eu era muito pequena e não sei quais os atenuantes para aquela visita. Foi a única vez que vi meu pai naquela casa.

O quintal era grande e se unia a outros quintais onde eu brincava. Depois o meu horizonte diminuíu: meu pai tentou me levar à força, carregou-me para um passeio sem pedir licença, o que me fez perder a calçada da rua e os quintais vizinhos. Eu me refugiava na horta e cismava entre o verde sem flor. Raramente ia ao jardim ou pomar, eu cismava no verde sozinho.

Anos depois, conhecendo um pouco da cultura japonesa e os seus jardins sem flor, coloquei mais verde em meus cismares.

O meu refúgio da infância não seria um conhecimento anterior? Quando nascemos verdadeiramente, se temos tantas lembranças do que não vivemos?

O verde integra todas as minhas lembranças.

De cara limpa

Brinco com a minha mãe dizendo que ela não resistiu ao violão do meu pai. Mas sempre fui além: nunca resisti a nenhum homem que tocasse qualquer instrumento. Até sintetizador. Fico maravilhada com os recursos. E Raul era um bom pianista e homem afável. A nossa despedida durou dois dias.

De cara limpa, quase sem dinheiro e mais gorda – no Chile ganhei rapidamente uns dez quilos, que perdi fazendo *Entre Quatro Paredes* – decidi voltar para o Brasil.

Santiago estava cheia de brasileiros com problemas concretos e alguns tão pungentes, que passei a esconder as minhas inquietações e divagações metafísicas. Tive uma participação muito mais efetiva e direta na volta de Anita Leocádia Prestes e na luta pela anistia. Nos tempos de Arraes apenas cantava na minha gaiola de vidro e tentei assimilar o Plano Diretor da Sudene, para explicá-lo com imagens. Foi o meu sonho que acabou.

Em São Paulo procurei os velhos amigos e o editor Massao Ohno que organizou o lançamento do meu livro *O Pássaro e o Náufrago*. Foi no cine Eden, junto com a exibição de *O Canto do Mar*. Causamos tumulto no trânsito da Av. São João e levamos muita gente boa, como Paulo Bomfim e Cassiano Ricardo.

Nunca mais voltei ao Chile e é possível que não volte mais. O Chile com a lembrança de Neruda, o piano de Raul, Thiago de Mello vertendo para o espanhol os meus poemas, Vinhas del Mar, os *temblores* numa noite em que faltou energia e todos os brasileiros se reuniram na praça falando do Brasil noite adentro... Estou gerando um sismógrafo e sequer aguentaria reencontrar Thiago de Mello declamando Allende...

Retrato

Capítulo 2

Dias de vinho e de rosas

> *Cometi o pior pecado que um homem pode cometer: não fui feliz.*
>
> **Jorge Luís Borges**

Num gesto maquinal atendi o telefone e sem disfarçar a voz disse que Aurora Duarte não estava. Fiz isso durante toda a semana do Carnaval, quando o hábito me fazia atender o telefone automaticamente. Houve um caleidoscópio de reações, mas o que se repetia era *está louca* ou *é louca*. Durante aquela semana consegui dar vida a personagens que me perseguiam e bati à máquina meu primeiro romance. Até então eu só havia escrito poesias e alguns contos. O romance saiu inteiro e ainda é inédito: *Os Penitentes*.

Na maior parte da minha existência produzi apenas 10% do que poderia. 90% foi o esforço para ficar só e poder trabalhar.

No fim do ano anterior o jornal *A Gazeta*, nomeando quem era laranja ou limão, publicou uma foto minha nos tempos da Usina Tamoio com o texto: *AURORA FOI LARANJA QUE A FAMA AZE-*

DOU. Mas que fama? Lutei muito com a falta de espaço e com o tumulto à volta. Um médico certa vez disse que eu tinha poder de aglutinação... estranho poder! Mas isso foi depois, foi quando eu estremecia ao ouvir o toque do telefone ou campainha, antes dos tranquilizantes, antes das injeções para dormir. O meu estranho poder foi no reinado do vinho e das rosas...

Primeiro, *casa da sogra* – a legítima. A minha sogra trazendo toda a família para viver (quase toda) no apartamento da Avenida São João. A ideia do apartamento era ter um ponto em São Paulo com um escritório de produção. Particular. Quando vi a casa transformada em cortiço, com tudo quebrado, até a válvula hidra, o meu mecanismo de defesa fez com que eu abrisse a porta...

Via de regra meu sobrinho Coracy e a belíssima Darcy Cória recepcionavam os visitantes. Houve o tempo da emburrada e grávida Gilda Nery, Adelaide Carraro, Luci Carvalho, Rejane Medeiros, Tambellini, Biáfora, José Júlio, Lola Brah, Aurélio Teixeira, Person, Alberto Attili, Daversa, Coimbra, Abílio, Glauber Rocha, Geraldo Vandré, Luiz Vieira, Simonetti. Na cozinha eu recebi exclusivamente Victor Costa e os *scripts* de *Os Grandes Erros Judiciários*.

É claro que os novos invasores eram bem mais interessantes e enriquecedores...

Jamil Almansur Haddad... Poeta.

Geração gabardine

Conheci vários rapazes da Geração Gabardine logo depois de ter fixado residência em São Paulo. Eram figuras bonitas, de fala fácil, com três sapatos e três ternos impecáveis que se revezavam *ad eternum*. Faziam de tudo: desde viver à custa de mulheres ou caça-dotes a vendedores de terrenos e pequenos industriais. A maioria conseguiu atingir os objetivos. A cidade efervescia e as opções eram inúmeras. Mas a maior parte dessa geração era mesmo de fotógrafos e cineastas. *Tutti cineasti. Tutti cineasti.* Não se sabia ao certo quem dera o nome à geração, mas eram todos jovens e riam deles mesmos. A minha aproximação maior foi com – pela ordem crescente – Racanelli e Mario Iadeluca, fotógrafos, Luigi Petti, produtor que chegou a dirigir empresas exibidoras no Brasil e Alberto Attili. Alberto Attili morava no mesmo prédio na São João e o nosso contato era diário. Através dele tomei conhecimento da cozinha de produção cinematográfica, aprendi a fazer análise de roteiro (sobre roteiro tive grandes conversas com

A Geração Gabardine, com o fotógrafo Racanelli, Luigi Pichi, Luigi Petti e Alberto Atilli, São Paulo, 1957

outro italiano, o ilustre Sérgio Amidei) e a fazer um plano de produção. Através de contatos do Alberto em Roma, onde ele dirigira um único filme com Carla Del Poggio, sobre a Segunda Guerra, consegui fazer estágios no campo da produção. Alberto Attili dirigiu um único filme no Brasil, o desestruturado *Aí Vem o General*, para a Maristela ou Multifilmes e foi diretor de produção de vários títulos. Sempre quis dirigir, mas era um homem de produção.

Alberto Attili era muito amigo de Paulo Emílio Salles Gomes, com quem vim a ter uma relação afetiva curta e intensa. Dias atrás confidenciando isso a um antigo aluno do Paulo Emílio, ele perguntou olhando ao derredor aereamente: *E quem não teve?* Não sei. Da vida afetiva do Paulo Emílio sei apenas que foi casado com Sonia, viveu ou casou com a Lygia Fagundes Teles e namorava uma francesa quando me conheceu. Eles só se falavam em francês. Com certeza o Paulo Emílio achava chique falar francês. Fora isso, sei muito pouco sobre ele. Infelizmente. Sei que ele tinha consciência do seu charme e muito medo da velhice. Contou na frente de alguns familiares o que foi sentir os cabelos cairem e não ter mais a cabeleira a lhe cobrir o rosto após mergulhar. Foi um depoimento sensível. Falou-me algumas vezes sobre o envelhecimento do corpo e olhava as mãos para ver se a velhice vinha chegando. *Ela – a velhice – vem pelas mãos*. Eu disse que a velhice vinha pelos olhos, ele sorriu e se achou imaturo.

Paulo Emílio acabou não sendo uma pessoa importante na minha vida. Poderia ter sido. Foi para tanta gente! Mas a mim ele escolheu para neurotizar com interrogatórios sobre presente, passado e futuro. Não conversava. Interrogava. Se viajava, na volta queria saber o que fiz dia a dia, com quem saí e até se eu tinha escutado alguma coisa que fizesse diferença para mim. Morria de ciúmes do ator Celso Faria, meu *pendant* de Gigetto. Dizia que o meu lado espanhol gostava do Celso por parecer um toureiro. Coisas assim. Eu também morria de ciúmes das alunas e alunos dele. Achava que todo mundo estava apaixonado por ele. E talvez estivesse. Assim, a minha relação com Paulo Emílio nada teve de edificante ou proveitoso. Geralmente jantávamos no apartamento dele, na Vila Clementino. Ele estava decorando o apartamento e ainda faltava muita coisa, mas a gente se sentia bem lá. Pelo menos durante o amor não nos torturávamos mutuamente.

Fomos tarde para o apartamento numa das raras vezes que jantamos fora. E à porta encontramos a francesa esperando. Era uma figura miúda, magra, de traços bonitos e olhos enormes. Vestia preto, o que acentuava sua brancura e palidez. Ela se assustou ao me ver. Trocaram algumas frases em francês – que eu não entendi – enquanto ele abria a porta.

Eu não imaginava que outra mulher realmente existisse. Ele parecia tão fixado em mim... Sacudida pelo encontro desci as escadas correndo e fui para a rua. Corri até a exaustão. A rua era deserta e não havia lua.

Chorei uma noite e um dia. Carlos Coimbra tentou consertar a situação, foi falar com ele. Ponderou comigo, mas não teve mais conserto. A situação apresentava dois novos agravantes: a francesa o ameaçava e ele passou a ter medo de mim. Não me achou adulta – coisa que aliás eu continuo fazendo questão de não ser.

Muito tempo depois eu passava inadvertidamente pela rua do Paulo Emílio e decidi lhe fazer uma rápida visita. O seu almoço estava à mesa e ele me convidou para comer junto. Durante aquele nosso último almoço ele foi o mesmo: perguntou o que eu estava fazendo, com quem, todo o nosso antigo ritual. Observei que o apartamento estava inteiramente decorado e lhe perguntei, blefando:

– Você não acha que o cinema perdeu com nossa briga?

Ele riu como ele só e respondeu:

– Creio que não. Quem sabe você um dia deixa de fazer filmes de ação e faz uma história de amor?

À saída observei vários objetos novos e cerâmicas decorando a sala. Ele informou que foram presentes de diversas pessoas. Observei, contristada:

– Só eu não lhe dei nada.

A última palavra ficou com ele, senhor da arte

de seduzir:

– Não, Aurora, EU não soube lhe dar nada, mas você, entre todas as pessoas, foi quem mais me deu.

Conheci bem pouco o Paulo Emílio Salles Gomes, mas desconfio que a grande figura do nosso cinema, como ser humano, era um *charmant incorrigible*...

Glauber

Acredito que não tenha conhecido o Glauber nem ele a mim. Estávamos os dois vivendo momentos de exceção e não procurávamos disfarçar isso.

Foi logo depois do lançamento de *A Morte Comanda o Cangaço* que o Glauber começou a frequentar o apartamento da São João. Um período curto de contato diário e permanente. Depois disso só o vi de longe em reuniões e festivais e nunca mais nos falamos. Assim, tudo o que se disse e se diz sobre o Glauber não corresponde ao jovem que conheci. Inteligente, afável, coloquial, fanático por cinema, sem vícios. Bebia, se eu bebia, e o que eu bebesse. Assim, foi um período de Campari ralo e chás com *petit four*. Mas ele nunca estava ali. O Nordeste foi a constante das nossas conversas. Eu tinha então uma biblioteca pequena, mas preciosa. Livros esgotados ou raros sobre os problemas sociais da região e, principalmente, sobre o fanatismo religioso. Eu pretendia fazer um enfoque profundo sobre os contrastes sociais e a saída da miséria pelo fanatismo religioso. O Glauber achava a temática plástica, enquanto eu estava tentando lançar uma luz (!) sobre as injustiças.

Glauber lia vorazmente e se excitava com as leituras. Saía apenas para ir ao supermercado comigo, falando sempre sobre os temas nordestinos, sem ver as prateleiras cheias de ofertas. Eu fazia e pagava as compras, pedia café *senza vapore* no Mocambo e pagava também.

À noite saíamos para dar voltas no Mercado das Flores do Largo do Arouche e às vezes comíamos no La Popote. Eu vivia neuroticamente me afastando das pessoas – o que ele parecia entender bem. Nunca falou da ex-mulher, nunca falamos de problemáticas pessoais.

O pulo do gato

Quando Sérgio Amidei esteve no Brasil a minha juventude foi de grande valia. Ele não se irritou comigo e até achava divertido eu querer aprender a fazer roteiro cinematográfico em poucos dias. É a benevolência que se tem com a juventude... e havia a barreira do idioma e muita gente em volta dele que viera para trabalhar. Aliás, num momento de blague houve até a pergunta de se eu pretendia lhe tomar o emprego.

Mas o que desejo contar é como ele me passou um dos pulos do gato que aprendi. Aprendi mesmo? A gente aprende na escola? A experiência se transmite? É claro que tudo isso é muito relativo. O certo é que a gente aprende a gramática mas não aprende o estilo. E a gente não se detém – como deveria – na experiência de terceiros. Até o pulo do gato, quando a gente aprende, tem que se aprofundar no jeito e na hora de pular.

Quanto a mim, se acabei me valendo mesmo de minhas próprias experiências, usei muito os pulos de gato que aprendi e os que inventei. Ora, para fazer cinema no Brasil necessário é ser fera felina.

Mas voltando ao Amidei, ele preferiu não teorizar muito e me disse para trazer o meu roteiro – ele adivinhou que eu tinha um – resumido em itens de 1 a 10. Voltei com o trabalho muito antes do que ele imaginava.

Tratava-se da história de um preso na Penitenciária Agrícola de Itamaracá. Ele passava o tempo todo rememorando a sua vida e planejando vingança. Consegue fugir depois de anos e a vida lá fora já não é a mesma. Acaba se envolvendo em situações novas que o levam ao ponto de cometer outro crime, idêntico ao que praticou quando foi condenado. Um bolero de Ravel. Não cheguei a fazer o filme mas fiz um documentário sobre a penitenciária.

Amidei fez um comentário sobre o fatalismo da história, gostou das fotografias das locações, disse que ficara deprimido com o final e perguntou se era a minha intenção deprimir. Eu não tinha pensado porque gostaria de fazer o filme, mas inventei na hora que o argumento se destinava a aqueles que lutam com as próprias teias.

Amidei não tinha tempo para esse tipo de conversa e eu queria saber sobre a engrenagem do roteiro. Ele me fez uma observação sucinta e fundamental: o meu roteiro era linear, se eu colocasse algumas ações paralelas, ao contrário do que eu imaginava, a história ficaria mais densa, prendendo mais o espectador. Por exemplo: se durante a fuga estivesse acontecendo um tumulto qualquer na cidade, ou uma festa. Ou se uma pessoa importante tivesse sido assassinada e estivessem procurando o assassino.

É claro que procurei digerir esse pulo do gato.

Tapete fofo sob botas de montaria

O diretor Gianni Pons era um homem do mundo, belga de nascimento, pedante como ele só. Havia dirigido na Vera Cruz um filme do Anselmo Duarte e até hoje conta divertido as peripécias das filmagens. Mas *Veneno* acabou sendo um filme intrigante, ocupando muito espaço na imprensa.

Durante as filmagens de *Os Três Garimpeiros* o Gianni me proibia de falar e mais ainda de sentar à mesa com a equipe técnica e coadjuvantes. Por cima, queria que eu almoçasse (?!) pera e vinho branco, enquanto a maioria comia os enormes camarões do Rio Piracicaba...

Com Alberto Ruschel em Os Três Garimpeiros

Nas filmagens de Os Três Garimpeiros, *1954*

A escritora gaúcha Nelly Dutra, então mulher do Alberto Ruschel, havia trabalhado na Vera Cruz e o ajudava no improvisado roteiro, que resultou num filme irregular mas com cenas belíssimas. Eu tinha vindo de *O Canto do Mar*, de José Mauro de Vasconcellos, Hermilo Borba Filho e Cavalcanti, e tinha dificuldade com as falas, indizíveis. Sugeri modificações, que foram aceitas e acabei mexendo nos diálogos dos outros personagens. Constatamos que o português mais castiço do Nordeste funcionava melhor que a fala gaúcha, que parecia falsa.

Mas os entreveros dessa filmagem trouxeram bons frutos, pois voltei a trabalhar com vários técnicos e atores, aprendi alguma coisa com Gianni, e pensei que Nelly poderia ajudar-me em alguns projetos, apesar do meu namoro com Alberto Ruschel, seu marido. Nelly me deu o endereço pelo telefone – Alameda Santos – e me pediu para ir depressa porque queria me apresentar a umas pessoas que estavam de saída.

Era inverno e garoava. No interior do prédio fazia ainda mais frio do que na rua. Senti o piso falso sob as botas. O tapete fofo deu-me sensação de desconforto e a iluminação deficiente manchava o rosto das pessoas. Uma artista plástica madura estava deitada com as pernas para cima, ajudando a circulação de retorno... e dois

Com Alberto Ruschel, Helio Souto e Gaetano Gherardi em Os Três Garimpeiros

Com Alberto Ruschel em Os Três Garimpeiros

rapazes conversavam também deitados sobre o tapete. Um deles era namorado da jovem que tomava chá de jasmim com Nelly: Hilda Hilst, bela poeta com aura.

Pensei em deixar os escritos e ir embora, mas resolvi tomar chá de jasmim, enquanto Nelly se esforçava para ler, à luz de um *abat-jour* difuso.

– É um roteiro? Perguntou de cima.
– Não, é um romance.
– Parece um roteiro feito para cinema.

Os três do chão riram. E o riso semidébil era do namorado da Hilda, que merecia um destino melhor, pensei. Segurei os papéis e consegui dizer sem trair a mágoa:

– Faço cinema. Tudo o que eu escrever será sempre imagético. Mas voltarei quando estiver só e conversaremos.

Nunca mais mostrei nada a ela, embora tenha tomado seus chás outras vezes. Voltei a encontrar a artista plástica, muito satisfeita com suas experiências com LSD. Ela e Jamil Almansur Haddad insistiram muito comigo, pois achavam que o ácido iria resolver o meu mecanismo de criação. Eu me esquivava, porque não conhecia ainda Fernando Coni

Campos. Se o conhecesse então, faria minha a sua frase orgulhosa: *Sou do álcool. A minha turma é do álcool*

Em São Paulo

Os Três Garimpeiros é um filme importante para a minha vocação e a minha carreira. Graças a ele aprendi muita coisa de produção, coloquei em prática minha habilidade para fazer diálogos para cinema – e o faço bem – e me aproximei de técnicos como Jack Mills, com quem estive em Londres mais tarde, e Lucio Braun.

Gianni Pons, conforme ficamos sabendo depois, viera de filmes eróticos na Europa e na Vera Cruz, dirigiu *Veneno* com Leonora Amar e Anselmo Duarte. Nos *Garimpeiros* acho que ele foi mais feliz porque o filme é de uma grande beleza plástica, o roteiro é interessante e os atores – Alberto Ruschel, Miltom Ribeiro e Hélio Souto – estão descontraídos e desenvoltos. Mas o filme não se realiza como obra e sentem-se os problemas de produção. É sobre um tenente que tem um dia para comprar ouro no garimpo durante a Guerra do Paraguai e enfrenta todo tipo de problemas, inclusive com os jacarés, que não queriam ser filmados e desapareciam no

Com Milton Ribeiro e mais dois atores no filme Os Três Garimpeiros

rio logo que a gente armava a câmara. Eu faço a mocinha, filha do prefeito, que o auxilia na missão. No final, ele toma o navio e promete voltar depois que a guerra terminar e eu aceno para ele do cáis. O navio é de rodas e a cena é bonita, mas estou no centro de um poço de lama movediça e foi um problemão me arrancar de lá.

Quando o dinheiro da produção começou a escassear, foram feitos vários cortes que prejudicaram o filme e... a minha vida. Cortaram as minhas diárias no Hotel Jaraguá, onde eu ficava à revelia de Gianni Pons, que não me deu folgas no contrato e não queria que eu arredasse o pé do local de filmagens.

Sem Hotel Jaraguá, sem fiador para alugar um apartamento, acabei arrumando uma pensão na casa de um Prado decadente. O palacete ficava na Rua Peixoto Gomide, perto do Parque Trianon, onde hoje existe um prédio de vários andares. Lá moravam um casal de velhos, dois engenheiros e Adelaide. O Sr. Prado combinou que depois me alugaria toda a parte superior e que eu poderia fazer uma entrada independente. Nordestina de varanda, adorei a ideia, que não pôde ser executada por motivos óbvios: logo fiquei muito conhecida, o telefone me chamava a toda hora e passei a ser um transtorno para

Com Alberto Ruschel em Os Três Garimpeiros, *1954*

o Sr. Prado, mulher e filhos, ótimas pessoas e zelosas da paz doméstica.

Mas antes que o *liquidificador* fosse acionado, conheci Adelaide abrindo uma janela de manhã e afirmando aos quatro ventos que Deus não existe. Fui por cima dela com a minha pregação evangélica, mas não adiantou. Nós duas só temos um ponto em comum: estivemos num sanatório. Ela estivera muito tempo em Campos do Jordão, fez pneumotórax e vivia preocupada com a criação da Casa do Ex-Tuberculoso Pobre. Ela afirmava que o tuberculoso pobre depois de tratado era jogado na rua e voltava a ficar doente. Ela sonhava com uma instituição que abrigasse aqueles que deixavam os hospitais e sanatórios, procurasse emprego para eles e ao mesmo tempo fizesse uma campanha permanente de esclarecimento. Tuberculose tem cura, só se pega em tais e tais circunstâncias, etc.

Adelaide me comovia com o seu plano utópico e assim cheguei a fazer *avant premières* para arrecadar fundos para a entidade, que não vingou. Embora eu não tenha sofrido diretamente a discriminação – inclusive porque a minha família escondeu até de mim a doença – eu sentia no ar o desconforto a que Adelaide se referia.

Fomos vizinhas na São João, mas não tínhamos muito contato, pois passei um período viajando e filmando muito. Quando estava em São Paulo tinha mil afazeres, inclusive por causa de minha determinação a começar a produção de filmes.

Nesse clima, recebi a visita de Adelaide com um pedido meio estapafúrdio: ela queria que eu pedisse ao governador para ajudar, ou interceder, na liberação de medicamentos doados pelos Estados Unidos ao Brasil. Segundo ela os medicamentos tinham prazo de validade e estavam na alfândega por causa da burocracia.

A maioria dos cineastas e atores paulistas fez a campanha de Jânio, eu inclusive. Mas eu só conhecia Jânio de reuniões e palanques, até a manhã em que fui procurá-lo no Palácio do Governo.

Voltei a encontrar Adelaide Carraro por ocasião da produção do filme *Elite Devassa*. Mas isso fica para depois...

Jânio 24 horas

Flávio Tambellini foi convocado a comparecer ao Palácio do Governo e após inusitada entrevista com Jânio Quadros dirigiu-se ao meu apartamento.

Flávio era então Presidente da Comissão Estadual de Cinema e participava de todas as entidades e de todos os grupos de estudo que se empenhavam no desenvolvimento da indústria cinematográfica. Era uma época efervescente. Reuniões, congressos, negociações, propostas de financiamento e, principalmente, a busca de uma sólida legislação específica.

Eu atuava junto à Associação Paulista de Cinema, um grupo mais à esquerda, empenhado, entre outras metas, em levar o cinema à compreensão do povo. Apresentei em clubes a obra de André Cayate – uma grande paixão. Eu também pertencia a outra associação – que veio a se transformar no Sindicato dos Trabalhadores da Indústria Cinematográfica – no Conselho Fiscal, junto com Cavalheiro Lima, outro grande conhecedor do nosso cinema.

Acima de tudo, fui amiga de verdade de Flávio Tambellini que, apesar de ter sido um cineasta sem méritos especiais, foi um trabalhador vitorioso das viscerais reivindicações do nosso cinema. Como pessoa, Flavio foi incomum. Inteligentíssimo, sensível, com um rico vocabulário próprio, crítico agudo, embora parcial e orador brilhante. Mas o que nos unia mesmo era o humor. Flávio Tambellini era uma pessoa muito engraçada. Ríamos de tudo. Eu o acusava, repetindo outras vozes, de ser vendido ao imperialismo americano e ele respirava fundo olhando os sapatos gastos: Ah, como eu gostaria de saber onde mora no Brasil o imperialismo americano... Certamente eu iria lá e tudo seria diferente. Mas ninguém tem o *endereço* do imperialismo americano... Quando ele me levou a um apartamento da Rua São Luiz para um encontro com Roberto Campos, perguntei na entrada se não era ali o tal endereço e rimos muito.

Flávio Tambellini era cunhado de Roberto Campos e os dois conversaram demoradamente, principalmente sobre financiamento para cinema. Éramos realmente muito ligados, tanto que de vez em quando tentavam jogar nuvens no nosso azul e uma dessas vezes foi num dos episódios de *Ravina* cuja explicação dele para os jornais transcrevo aqui.

Mas no caso *Ravina*, em verdade, eu estava mesmo saturada de todo o esquema do próprio Flávio, de Biáfora, de Abilio e já estava inteiramente voltada para a proposta de produzir filmes.

A minha longa amizade com Tambellini só deixou de ser apenas de sorrisos e risos por causa do Jânio.

Teste de personagem para o filme Ravina, *posteriormente protagonizado por Eliane Lage, 1957*

Resumindo: todos nós que fizemos a campanha de Jânio para governador sabíamos que ele chegaria à Presidência da República. E depositávamos grandes esperanças no seu apoio ao cinema. As entrevistas de Flávio com Jânio eram frequentes, mas naquela tarde houve um interrogatório sobre a minha pessoa. E o Presidente da Comissão Estadual de Cinema não aprovou a minha visita ao governador. Sentiu-se traído e veio pedir-me explicações.

Naquela manhã eu havia procurado Jânio Quadros no palácio por um motivo transparente: pedi-lhe para interceder junto à alfândega para

desembaraçar rapidamente um lote de medicamentos que tinha sido doado pelos Estados Unidos aos nossos tuberculosos. Adelaide Carraro me informara na noite anterior sobre os medicamentos que precisavam ser distribuídos antes que expirasse o prazo de validade. E me pediu para falar com o governador sobre o caso. Por que ela me fez o pedido? Obviamente pela minha participação na campanha de Jânio, que me dava grande evidência. O contato seria assim mais fácil.

Enquanto eu discutia com Flávio, o telefone tocou e era Jânio me convidando para jantar naquela mesma noite. Ele disse que tinha boas notícias e queria dá-las pessoalmente.

Flávio ponderou sobre o projeto que eu tinha em estudo de financiamento junto à Comissão e ao Banco do Estado e me acusou de estar usando meios *escusos* para conseguir o dinheiro. O que Flávio não sabia é que nunca fui ajudada por ninguém em minha carreira, ao contrário. E que nunca recebi presentes de quem quer que fosse. Não propriamente por convicções morais, mas porque não tenho sorte ou não faço o tipo de ser favorecida. Recentemente o exibidor Alex Adamiu achou estranho que eu pleiteasse comissão num negócio. Nunca pensou que eu *fosse disso*. E eu, com orgulho de pobre, afirmei que o pouco que consegui foi resultado único do meu trabalho.

Enfim, a aproximação com Jânio Quadros, enriquecedora no plano pessoal, não me foi de nenhuma serventia prática.

Fui ao encontro de Jânio naquela noite e em noites de outros dias, tardes e manhãs.

Flávio nunca me perdoou por Jânio. Primeiro por causa do prestígio da Comissão, depois por causa do dinheiro do Banco do Estado – que eu acabei não pegando, ou melhor, pegando depois da renúncia.

Crepúsculo no Rio

No aeroporto de Congonhas eu observava Luigi Picchi se despedir da mulher, Lia Cortese. Como sempre, ele me parecia contrafeito. Nunca entendi aquele casamento que deu um fruto maravilhoso: Roberta, minha amiga de hoje. Mas naquele tempo Luigi parecia pouco à vontade com a mulher que se queixava de males físicos múltiplos e imponderáveis.

No avião ele se sentou com um *ufa!* e repetiu sorrindo uma velha brincadeira nossa: quando estávamos somente na companhia de colegas de cinema, dizíamos *finalmente estamos em família!*

Mas estávamos só os dois, indo para o Rio, para o lançamento de *Crepúsculo de Ódios*. Aquela noite haveria uma sessão especial, para alguns convidados e a crítica especializada. O lançamento seria no dia seguinte, no cine Ricamar. O esquema montado pelo publicista representava um esforço considerável. Quase sempre as produções modestas do nosso cinema são marcadas em cima da hora.

Crepúsculo de Ódios foi dirigido por Carlos Coimbra, com argumento de José Júlio Spiewak. Era uma boa história com um título coerente – *O*

Com o maquiador Flávio Torres, nas filmagens de Crepúsculo de Ódios, *1958*

Com Luigi Picchi em Crepúsculo de Ódios

Justiceiro. Além da infeliz mudança de título, o filme foi realizado em condições precárias de produção. Mas a direção tem bons momentos e o resultado é interessante. Carlos Zara está melhor em seus trabalhos mais recentes na televisão e Norma Monteiro tem um trabalho sensível.

Norma suicidou-se antes do lançamento do filme, jogando-se do Viaduto do Chá. O assunto virou manchete de todos os jornais. Norma era jovem e bonita, um tipo bem brasileiro.

Convivi com Norma Monteiro vários meses, mas sei muito pouco. Os jornalistas, amigos, conhecidos, todos me faziam perguntas que eu não sabia responder.

Durante as filmagens Norma namorou o Carlos Zara e recebia flores e guloseimas do exibidor Ezio Pastore. Ríamos muito porque ele se recusava a me dar comida. Ela também não queria que eu engordasse. Mas Norma recebia chocolates incríveis e eu pegava escondido. Uma noite em que dormíamos no mesmo quarto e eu comecei a desembrulhar umas balas recheadas. O celofane fazia muito barulho dentro da noite escura. Todos dormiam, inclusive Norma, que acordou com o barulho. Abriu a porta do quarto e gritou no corredor escuro, para que todos ouvissem: *Aurora Duarte está comendo chocolate!* E as

Teste para o filme Crepúsculo de Ódios, *1958*

recriminações generalizadas sobraram para mim. Assim era Norma.

Cinco dias antes do suicídio, encontrei-a na Rua Barão de Itapetininga e fomos tomar um chá com *petit four* na Vienense. Os violinos tocavam, lógico. E eu gosto muito mais de *petit four* que de chocolate... Ela preparava uma viagem para a Europa e fazia projetos para a volta. Queria fazer comigo uma comédia fina, realçando a sua morenice. E que eu pintasse os cabelos de louro para acentuar a diferença. Norma se achava – e era – um tipo bem brasileiro. E me achava *muito mediterrânea*. Não havia rivalidade entre nós. Nem muita intimidade. Assim, não tenho a menor ideia das razões que a levaram ao suicídio. Anos depois, no escritório de Lucydio Ceravolo, encontrei Ezio Pastore. Tive vontade de falar sobre o assunto, mas ele estava tão envelhecido, que concluí que o assunto não cabia. Ele parecia frágil como um cristal.

Prostituição

Tive uma amiga prostituta que é hoje uma rara boa lembrança do Rio de Janeiro. Loura, bela e notória, frequentava as altas rodas da Capital da República, inclusive recepções no Itamarati. O ano, 1953.

Carmem sabia do meu fascínio pela prostituição e alimentava-o com histórias que envolviam personalidades importantes daquele Rio.

As mulheres da vida vivem confinadas no Bairro do Recife, perto do cais do porto e só aparecem à noite. Assim, até chegar ao Rio eu só conhecia as perdidas do cinema mexicano. Em geral mulheres sensuais que se relacionavam com homens charmosíssimos. Tudo isso com uma fotografia incrível em preto e branco. Ah, os filmes mexicanos no cine Royal! O *proibido para menores de 18 anos* era relativo e talvez eu nem precisasse usar pintura para entrar. Nem os vestidos de minha mãe.

Carmem parecia ter saído de um filme mexicano. E dizia que eu parecia ser uma cigana da Metro. Ríamos muito. Ela era generosa e me presenteava com roupas seminovas para que eu aparecesse em capa de revista.

Com esses referenciais cheguei à idade adulta pensando que prostituta era quem vendia *amor*. E que as prostitutas pareciam sofrer nos filmes, mas levavam uma vida muito boa, com música, bebida e joias.

Nunca acenaram com dinheiro para obter o meu amor. Aliás, nunca me acenaram com dinheiro. Sempre tive que trabalhar muito. Por tudo isso, durante anos sonhei com a prostituição.

Na capa do Jornal de Cinema, 1953

Capítulo 3

A Busca do Ouro

A nossa falta de inclinação para ganhar dinheiro e para empreendimentos materiais corresponde, em nossos antípodas – os empresários e agiotas – à ausência de uma dimensão poética da alma.

Hermann Hesse

Flávio Tambellini foi um crítico de cinema perspicaz, um líder brilhante, inteligente, de fala fácil e gestos maneiros. Os dissidentes ironizavam dizendo que ele vivia atarraxando lâmpadas, em alusão ao seu gesto no ar, rotineiro, quando buscava a palavra melhor. Era empolado, pernóstico, mas amigo e companheiro.

Tambellini está presente em todas as leis que ainda hoje beneficiam o cinema brasileiro. A partir do naufrágio da Vera Cruz, criou e conseguiu a aprovação de leis, decretos e normas, financiamentos com o Banco do Estado de São Paulo, o imposto adicional sobre a renda da bilheteria, a premiação da Prefeitura de São Paulo, sempre muito bem-vinda. Agigantou a Comissão Estadual de Cinema, criou o Geicine e depois o Instituto Nacional de Cinema. Era incansável. Tivemos uma longa convivência e quando rompemos a parceria, inclusive no programa de televisão da Tupi que apresentávamos juntos, publicou no *Diário de S. Paulo* uma longa crítica, em letras maiúsculas: UMA EXPLICAÇÃO NECESSÁRIA. Trocando em miúdos, ele explicava que o rompimento se devia apenas a mudanças de posição da minha parte. E foi.

Eu já estava cansada da sua intromissão no meu trabalho, inclusive da sua oposição a uma bem-sucedida montagem teatral que fiz – *O Caso da Mulher Assassinada* – e até na minha maneira de vestir. Cansada do seu discurso sobre cinema americano, cansada do seu ídolo, Rubem Biáfora, que não me dirigiu, graças a Deus e de Walter Hugo Khouri, que acabou me dirigindo em *Fronteiras do Inferno* e que foi uma experiência gostosa, principalmente pela fofoca que rondava o estúdio.

Flávio Tambellini foi um ser extraordinário, mas cansativo, como toda pessoa fremente. Foi um diretor com boas intenções, mas não dominava a parte técnica, a gramática do cinema, o que lhe impediu de transpor para a tela a sua criatividade. Mas fez um cinema digno e é irrelevante falar dele como diretor. Tambellini é o cinema brasileiro, em sua base.

Cartaz de Fronteiras do Inferno

Tambellini trabalhava no *Diário de S. Paulo* e na Biblioteca Municipal e era comum eu ir buscá-lo num desses dois lugares. Jantávamos juntos ou bebericávamos com outros companheiros, sempre depois de alguma reunião de classe. Por duas vezes estive com ele no apartamento de Roberto Campos para que discutissem normas e leis. Os dois se reverenciavam mutuamente, mas Bob Fields – como chamávamos Roberto Campos por trás, imitando a imprensa da época – às vezes parecia um pai falando ao filho inquieto.

Flávio não tinha paz nem me dava paz, daí achei melhor sair do projeto de *Ravina*, que seria dirigido por Rubem Biáfora, e ir tomar banho de mar em Copacabana e jantar com o Miro Cerni, ator de *Na Senda do Crime* e amigo eventual. E foi na praia que li no jornal *Última Hora* que Eliane Lage faria o meu papel. Ora, *Ravina* fora escrito para mim – que sou muito diferente da Eliane Lage. Daí ter recebido com estranheza a proposta do Flavio para que eu lhe vendesse o argumento. O argumento tinha sido escrito pelo Walter Guimarães Motta, meu ex-marido, e tinha entrado num acerto de contas que fizemos.

Concluí que poderia vender o argumento porque ia ser dirigido pelo Biáfora, produzido pelo Flavio e interpretado por Eliane Lage... e eu poderia re-escrever tudo, tomando por base a trama original... e fazer outro *Ravina*, o verdadeiro. E poderia ter feito, porque *Ravina*, o falso, ficou parecidíssimo com *O Morro dos Ventos Uivantes*; e bem produzido e cuidado.

Vendi o argumento por um preço tão irrisório que o Flavio, com remorso, me convidou para jantar no Casserolle. Durante o jantar, regado a bom vinho, perguntei sorrindo se ele não teria remorso por haver-me enganado. Ele respondeu que não. *Você provoca ser ludibriada*.

Mas Flavio também tinha uma péssima relação com o dinheiro. Certa vez, viajou por conta do Sindicato dos Exibidores a fim de conseguir a liberação do preço dos ingressos. Ao voltar, foi à casa do Florentino Llorente para comunicar a vitória. Florentino estava jantando com amigos e o recebeu no portão do casarão, sem abrir. Disse apenas:

– Tambellini, bastava telefonar. E pode ficar com o troco.

Ficar com o troco... o nosso líder, hoje nome de rua e que ainda pagava as prestações de uma casa no Caxingui...

Contei esses fatos para introduzir um breve relato das minhas relações com o dinheiro.

Aos oito meses de idade o meu pai me abandonou e à minha mãe, uma jovem de boa família que ele raptou do lar. Fui criada pelos meus padrinhos, um casal modesto, com cinco filhos. Mas aí começou o meu período de sorte. A primeira fase, a fase áurea.

A madrasta da minha mãe, com remorso dos maus-tratos que lhe infligira, abriu uma caderneta de poupança para mim na Caixa Econômica Federal e me deu dinheiro até morrer. O meu tio Paulo, que vivia muito bem no Ceará, não quis deixar a menina – eu – no desamparo e pagou meus estudos em bons colégios. A minha mãe começou a trabalhar e me fornecia o básico, mais todos os livros que eu pedia. Tínhamos um pacto: brinquedos não, livros. Assim, fui uma menina rica sem brinquedos. Fez-me falta, pois até hoje gosto de brincar. Menina rica sim, porque eu recebia benesses de todos os lados. E muitos presentes. Até hoje ganho muitos presentes, possivelmente por estar escrito no meu mapa astral. Adolescente, recebia muitos cortes de linho do meu primo Ubaldo, que se orgulhava de ver o meu nome nos jornais, precoce, escrevendo poesia.

Entre a Rádio Clube, Rádio Tamandaré e Rádio Jornal do Comércio, o meu cachê foi subindo, subindo... Ganhei uma bagatela para fazer *O Canto*

Rádio Jornal do Comércio, Recife, 1951

Com o costureiro Nazareth, como modelo, Rio, 1953

Com Paulo Roberto, na estreia de A Morte Comanda o Cangaço, *Cine São Luiz, Rio de Janeiro, 1961*

Com Alberto Ruschel e Luiz Serrano em Berlim, para apresentação de a Morte Comanda o Cangaço, *1961*

do Mar, mas o filme me abriu as portas para os desfiles de moda, apresentações. Ganhei bem para fazer *Os Três Garimpeiros*, principalmente se comparado ao salário de Alberto Ruschel, que tinha saído do êxito de *O Cangaceiro*. Até produzir *A Morte Comanda o Cangaço*, posso dizer que estive de bem com o dinheiro. O paradoxo começa aqui.

Investi em *A Morte Comanda o Cangaço* todas as minhas economias. E, premida pelo estouro orçamentário a que a produção foi levada quando o açude de Orós se rompeu, tive de fazer um péssimo acordo com o meu financiador, Marcello de Miranda Torres, para o acabamento em São Paulo, bem como a sonorização. Perdi meu dinheiro, meu carro e minha pose para ficar com 5% do filme, mais todos os encargos administrativos.

Durante o Festival de Berlim, com o filme representando o Brasil, eu tinha que pintar o sapato de dourado ou prateado à noite, para combinar com o vestido de apresentação do dia seguinte.

Dei a volta por cima fazendo dois trabalhos para a televisão e esquecendo o filme. De Berlim fui para Recife com alguns marcos no sapato. Os 5% já não cobriam o custo operacional, quando, finalmente, Marcello pediu arrego.

Vim para São Paulo e constatei o óbvio: Oswaldo Massaini começou a produzir filmes de cangaço e jogou *A Morte* para escanteio. Procurei Maximo Barro, competente montador, grande amigo e finérrimo, que recuperou um terço das provas e consegui fazer três novas cópias para um lançamento espetacular.

A partir desse fato, comecei a fazer acordos mais razoáveis com o meu financiador original, mas o filme estava sugado, após anos de exploração ininterrupta em todo o Brasil e no exterior.

Fiz as pazes com o dinheiro voltando ao teatro e finalmente, mudando o rumo para fazer documentários para a Sudene. Até a revolução e a fuga voluntária (!?) para o Chile, onde enterrei os últimos marcos.

Na volta do Chile começou a íngreme escalada. Os anos duros, o frente a frente com a realidade brutal.

Não tinha a menor ideia do que seria não ter dinheiro. Assim, ante as primeiras escusas e recusas eu supunha ter procurado a pessoa errada. Ouvia as mais estapafúrdias alegações. Fiquei morando no Lord Hotel porque não tinha como alugar, muito menos montar uma casa e começar a trabalhar. Como se por si só a situação não fosse insustentável, para completar o quadro, a firma do Walter faliu no Recife e os avais começaram a pipocar. Iniciei uma longa perambulação pelos bancos para conseguir tapar buracos. E não trabalhava.

O Walter se instalou no hotel com uma filha e recebia familiares e amigos para jantares e aperitivos. A conta subia. Procurei Eduardo Moraes Dantas, que ainda era sócio de alguns empreendimentos com o Walter e lhe pedi para alugar uma casa. Ele alegou que, apesar de ter muitos negócios, era um prisioneiro. Não tinha autonomia. Disse sentir muita pena, pois autonomia, pelo menos, eu tinha.

Num encontro casual, Fernando de Barros (Fernando Policarpo de Barros) colocou à minha disposição o seu bem montado escritório para sediar a produção de *Riacho de Sangue*, o meu projeto de então. Mais animada, fiz um acordo com o hotel e lá fiquei até Walter ter um derrame cerebral.

Jorge Moraes Dantas decidiu me dar a fiança para alugar uma casa, onde sediei a produção de *Riacho de Sangue*, coproduções e as bases de uma distribuidora de filmes de arte. E, óbvio, boa parte da família do meu ex-marido.

Nas filmagens de Riacho do Sangue, *Pernambuco, 1963*

Cartaz de Riacho do Sangue

Cartaz de Riacho do Sangue

Riacho de Sangue não deu uma boa renda, foi um filme muito caro. Mas a distribuidora deu, até o meu desligamento de Massao Ohno e montar a minha produtora no Bixiga, com o fito exclusivo de fazer documentários e filmes de arte.

Foi uma época produtiva, até entrar Collor, acabar com a obrigatoriedade dos curtas e me deixar, novamente, com uma mão adiante e outra atrás.

Pedro Paulo Mendes e Silva, minha experiência matrimonial definitivamente derradeira, e sua mulher posterior a mim, Luce Cleo de Abreu Duarte, uma pessoa culta e sensível, convidaram-me para fazer parte de uma editora de gravuras e continuar elaborando os projetos de documentários sobre a pintura brasileira.

Em verdade as minhas relações com as artes plásticas sempre foram estreitas, pelos meus tios e primos do lado materno, principalmente Ubaldo Gomes de Mattos, que me iniciou na paixão pela gravura e foi meu guia no Louvre e Prado. A ele devo a descoberta de Darel Valença Lins, mas anos depois eu lhe dei o deleite de conhecer melhor Mário Gruber.

Do tempo que passei na Alameda Gabriel Monteiro da Silva guardo boas lembranças do anti-

Lobbycard de Riacho do Sangue, *de Fernando de Barros*

Lobbycard de Riacho do Sangue, *de Fernando de Barros*

No I Festival de Cinema de Marília, com Cavalcanti Lima e Alberto Ruschel, no filme Riacho do Sangue

quário Paulo Vasconcellos, da empreendedora Vilma Eid, do polimento de Paulo Ayres, *marchand*, da solidariedade do galerista Dennis Perri e do humor indizível do construtor Waldemar Mestiere Lemos, meu vizinho. Ele explicou o seu divórcio de modo sucinto: *minha mulher queria que eu fosse herói... e eu quero ir para o bar...*

Sentia muita falta das minhas andanças, das margens do Rio São Francisco e das paragens nordestinas que fazem parte do meu projeto de vida. Desligada da editora, pretendia voltar aos meus lugares, quando empreendi a minha pior viagem.

Peixe fora d'água

O Cine Marrocos continuou a ser o Palácio do Cinema muitos anos depois do festival internacional. Acompanhou o brilho daqueles dias pela vida afora do carismático exibidor Lucydio Ceravolo, meu amigo, irmão mais velho, confidente e conselheiro. No suntuoso escritório todos os fins de tarde reuniam-se sócios, amigos, concorrentes e até Paulo Vanzollini e eu. Antagônicos politicamente, nunca recebi críticas, mas advertências e incentivos no trabalho. Lembro duas frases lapidares: *suas ponderações podem estar corretas, mas estou velho para mudar de ideia* e *você se vangloria de estar com quem gosta de você, mas o bom é gostar*.

Lucydio sabia dos meus contatos com militantes da esquerda, sabia dos almoços com Prestes e sabia por onde eu andava e com quem apresentando filmes de André Cayate.

Essa amizade complacente não o impedia de me apresentar a pessoas importantes como os irmãos Verde, da Condor. Wenceslau introduziu-me no mundo insuspeitado do mercado cinematográfico da Europa e Francisco Verde levou-me aos melhores lugares de São Paulo e também ao La Licorne ...

Mais tarde Francisco Verde apresentou-me ao também exibidor Francisco Luccas, seu sócio na Empresa Sul, com quem mantive uma parceria produtiva. Durante o Festival Internacional da Mulher, Luccas me cedeu o Cine Rio, no Conjunto Nacional, para exibir somente filmes dirigidos por mulheres e ali realizei muitas pré-estreias. Deu-me também a programação do Cine Esplanada, na Praça Júlio de Mesquita, para filmes japoneses, ainda o *must* da época. O lado lúdico de Luccas apoiou a minha *distribuidora de filmes difíceis*.

Mas Lucydio não aprovava um aprofundamento maior dessa relação. Achava que Luccas só me daria trabalho e que se era para acabar pobre era melhor ficar sozinha e de vez em quando ir passear na Europa...

Voltei de Paris com a mente acelerada depois de ver no teatro inusitados efeitos de luz. Foi quando reencontrei o jornalista e ator Gaetano Guerardi, italiano com sotaque, companheiro de elenco de *Os Três Garimpeiros*.

Procópio Ferreira havia me convidado para fazer um quadro no programa que ele fazia na extinta TV Excelsior (Ali, muito mais tarde, com o Maestro Enrico Simonetti, demonstramos durante duas horas como se coloca música em filme.).

O quadro era sobre as incompatibilidades e acertos do casamento de uma nordestina com um italiano. Obviamente, tiramos de letra. E mais: começamos a trabalhar a montagem da peça espanhola, traduzida por Hermilo Borba Filho, *O Caso da Mulher Assassinada*. Convidei, então, um diretor de fotografia de cinema para fazer a sonhada iluminação vista em Paris.

Fiz o primeiro vestido de renda tomara-que-caia e outros vieram variando a cor... *Aurora Duarte e seu Teatro de Terror* estreou no pequeno Teatro Natal, mas logo passou para o Teatro Santana que não lotava fazia tempo. A crítica foi omissa, mas o público comparecia até nas tardes de quinta-feira.

Fiz trabalhos esporádicos com Guerardi na Tupi, Record e Bandeirantes, mais pela amizade, porque já não me interessava ser atriz. A ideia primordial era produzir filmes.

A partir das cópias riscadas nos cinemas suburbanos, adotei uma visão mercadológica no cinema. O exibidor Luiz Severiano Jr. dava sinal de alerta ao filme caro: *É inviável manter a produção se o mercado não paga*. Claro que é um desafio a conquista do mercado.

Mas produzi um filme caro, que o Severiano exibiu e ficou 20 anos renovando certificados de censura com ótimas rendas.

Muito longe de repetir o êxito de *A Morte Comanda o Cangaço*, *Riacho de Sangue*, caríssimo, deixou-me endividada, apesar dos prêmios e da propaganda. Maternalmente comecei a tratar melhor o meu e outros filmes difíceis, via a distribuidora que teve Massao Ohno como sócio. Coproduzimos com Fernando Coni Campos e colaboramos com outras empreitadas, até que o Massao voltou aos livros e eu aos documentários.

O trabalho na distribuidora dava-me a benfazeja sensação de estar sendo útil. Escolher fotos, cartazes, *releases* é também criativo. Lutar pelo cinema mais propício, fazer os mapas de publicidade, acompanhar as rendas, eu gostava de tudo. Tive empregados dedicados e gente interessada ao redor.

Contudo, a criação da endinheirada Embrafilme não deixou espaço para empresa pequena como a nossa. E o Certificado de Exibição Obrigatória abriu perspectivas para os curtas. Assim, prazerosamente saí da Boca do Lixo e fui para o Bixiga fazer documentários.

Dessa fase sensibilizam-me duas realizações: *Território do Poeta*, sobre o poeta mineiro Dantas Motta, produzido por Cláudio Cunha, e *Canto Soberano*, sobre o domínio holandês, financiado por Francisco Luccas. Produzi *O Arcanjo Vingador*, curta irrepreensível de Paulo César Saraceni. Considero importante a série sobre pintura, fruto da parceria de anos com Pedro Paulo Mendes que hoje realiza vídeos sobre arte. Na parceria contamos com o trabalho e o convívio enriquecedor de diretores como Fernando Coni Campos, Nelson Pereira dos Santos e Olívio Tavares de Araújo, entre outros.

É conhecida a hecatombe que foi para o nosso cinema a era Collor. Estupefatos, vimos um ressentido Ipojuca Pontes, Secretário da Cultura, creio que teleguiado, dizimar a classe. Escondido, sequer me atendia ao telefone. Nordestino como eu, com preocupações e planos semelhantes, tínhamos muito em comum, inclusive o medo de alma do outro mundo... que hoje não devem deixá-lo dormir.

Ficou a imagem da ministra curtindo passeio de lancha num mar de naufrágios.

Minhas relações com as artes plásticas sempre foram estreitas. Colecionei arte sobre papel antes dos vendavais. E tive experiências desastrosas com o mercado de arte estranhamente infiltrado por matronas descasadas que receberam heranças, apartamentos e até mansões. Essas mulheres não precisam produzir nada porque recebem pensão dos exs, frequentam *shopping center* obsessivamente e nem imaginam um mundo diferente.

Minha mãe, de fina linhagem, apaixonou-se pelo meu pai culto e dionisíaco que nos abandonou quando eu tinha 8 meses. Ela não pediu pensão: foi trabalhar. Casou com um militar frio e erudito, pai do meu meio-irmão. Mãe e filho não gostaram do *quartel* e foram morar numa casa pequena a aprazível. Ela fez faculdade e conseguiu um trabalho melhor.

Casei três vezes e ninguém me falou em pensão. (Quem sabe hoje uma pensãozinha cairia bem ...)

Na casa dos meus padrinhos onde morei, só se falava em música, festas coloridas e... trabalho.

Assim, entre as matronas endinheiradas, fui um peixe fora d'água. Perdi minha coleção, tentei lutar, envelheci, engordei e quase perdi a fé na humanidade.

Mas se o homem cai, se levanta.

Dependências

Quem é dependente sabe o que se inventa para tomar um comprimido. Eu tomava Diempax para diminuir o calor, Lorax para dormir, Tensil quando andava de avião ou com maus motoristas, Nozine quando estava muito louca e Valium 10 para relaxar os músculos. E ia por aí afora.

Contudo, desde que me empenhei em voltar a fazer documentários, parei abruptamente com tudo sem que tivesse qualquer reação desagradável. Apenas dormia pouco, mas me sentia disposta.

Na semana do golpe, até durante a viagem para o Chile, voltei aos psicotrópicos e foi dentro dessa nebulosa que fui convencida por um tio paranoico e muito querido a deixar o País.

Os vinhos chilenos mantiveram-me afastada de qualquer dependência, mas quando voltei a São Paulo para o cara a cara com a vida prática, voltei às nebulosas.

Adeus marcos e dólares e nem sequer velhos cruzeiros para pagar o Lord Hotel... Enfrentei então um momento insólito, surpreendente e inimaginável para mim até aqueles dias: tive que pedir dinheiro emprestado a amigos. E descobri ingenuamente estarrecida que amigo não empresta dinheiro. Ninguém empresta dinheiro quando se descobre que o pedinte está em reais dificuldades.

Dessa época os meus três mosqueteiros foram o exibidor José Luiz Pamplona de Boulamaqui de Andrade, que me socorreu a título de *futuras comissões*, o fazendeiro Juber Fonseca – a única pessoa a me perguntar na vida se eu precisava de dinheiro – e o diretor de cinema Fernando de Barros, que nunca me deu dinheiro ou emprestou, mas cedeu seus escritórios, ajudou-me em todo o projeto do *Riacho de Sangue* e não me cobrou um centavo por tudo isso. Se o filme não deu dinheiro, a culpa me cabe mais que a ele, pois eu consenti que ele dirigisse um filme sobre assuntos que ele não dominava e em cenários, situações e climas totalmente diferentes de tudo o que ele havia feito. A falta de visão foi minha, e cabe aos psicotrópicos apenas uma desculpa, seria até uma justificativa; mas eles são inertes e a ação de levá-los à boca também foi minha.

Após o lançamento e o desastre financeiro do filme, eu saí do Banco do Estado após entrevista com... o interventor da Vera Cruz, que se julgava forte quando protestava meus títulos. (Ele fez uma sociedade com William Khoury para vender a Vera Cruz). Toda vez que eu ia resolver o meu problema parecia estar incomodando, e foi aí que vi as luzes da avenida se misturarem e o mundo girar. Comecei a ter perturbações visuais, perambulando pelos consultórios dos oculistas, até parar – por sugestão da minha mãe – no neurologista e amigo Donato Friguglietti.

Antes de tirar os óculos escuros, o dr. Donato meneou a cabeça e foi dizendo:

– É, anda abusando de psicotrópicos, hein?

Capítulo 4

Tempo de amar

Uma relação íntima

Torre de Londres é um bar-restaurante localizado numa praça arborizada do Recife. No fim dos anos 1940 e começo dos anos 1950 era ponto de encontro de intelectuais e estudantes de Direito, pois fica perto da renomada faculdade. Era um lugar agradável e tranquilo com as mesas à sombra das grandes árvores distantes entre si. Não dava para ouvir a conversa dos vizinhos que seriam também casais de namorados.

Depois das aulas, muitas vezes fui ali encontrar o meu pai secretamente. E mais tarde, Ricardo Amaral, o ator português que tornou inviável para mim um amor cotidiano. Já chego lá, como disse Arthur Miller na peça sobre Marylin Monroe.

Fui uma criança sem brinquedos. Muito precoce, me aproximei dos livros. Quiseram me dar uma boneca branca, quis uma preta, não me deram. Durante anos tive uma linda boneca mulata, mas a faxineira mau-caráter do Massao jogou fora, junto com os lençóis bordados do meu batizado. Mas isso é outra lastimável história. Continuo achando mais bonitas as bonecas negras, assim como as crianças, embora as orientais também sejam belas. Meu meio-irmão não emprestava o seu velocípede, assim, embora muito paparicada, fui uma criança sem brinquedos, lendo muito e cismando entre os chuchuzinhos da horta.

O chão da Torre de Londres era coberto de seixos. Era gostoso pisar sobre eles e eu brincava com os mais bonitos enquanto aguardava os dois homens da minha vida.

Conheci Ricardo nos saraus literários do sanatório quando eu já estava para ter alta. Ele declamava José Régio e Cesário Verde e alguma coisa de Fernando Pessoa, que não era o *must* da época. Fora dos saraus era esquivo e ensimesmado. Voltei a encontrá-lo meses depois, no mundo lá fora, na batalha.

O tempo mais feliz da minha vida foi o que passei no sanatório, longe das brigas da minha mãe com o meu padrasto, que desaguavam no meio-irmão, das maledicências envolvendo meu pai e das obras na casa dos meus padrinhos, cuja cumeeira rachara.

Garanhuns é uma cidade belíssima à luz da memória. Recordo o parque intensamente florido, o Pau Pombo e sinto o cheiro das suas árvores altas. Havia uma profusão de hortênsias e alvacentas. O sanatório era limpo e arejado, o lazer permanente e não era difícil sair para *contaminar* na cidade.

Tudo era planejado para que não se sentisse o limiar da vida e da morte. Quando um doente piorava, era mandado para o isolamento. Ninguém morria: desaparecia.

Creio que para mim foi fácil porque eu não estava mal. Ricardo passou uns tempos no isolamento e carregou para o resto da vida as cicatrizes. Seus trinta anos eram mais do dobro da minha

idade, mas a diferença nunca foi sentida. O nosso reencontro se deu na fase preparatória de um roteiro sintomaticamente intitulado *Nas Garras do Destino.*

O cineasta francês Romain Lesage havia dirigido o filme *A Beleza do Diabo* que lançou Beatriz Segall, então Beatriz Toledo. Foi para o Recife fazer palestras, a convite da Associação de Cinegrafistas Amadores do Brasil e acabou ficando para dirigir um filme que não chegou a ser realizado, porque o então governador Agamenon Magalhães morreu fora de hora. A intenção era divulgar o sistema penitenciário da Ilha de Itamaracá.

Junto a Lesage eu desempenhava a célebre função de contracenar com atores candidatos aos papéis e Ricardo foi um deles. Empalideceu quando me viu e numa parada providencial para o café, pediu-me abruptamente para não dizer que nos conhecemos no sanatório. A tuberculose naquele tempo era um estigma que não me vitimou porque toda a minha família escondeu o assunto. Lembro-me apenas de ter ficado muito abalada com a separação das minhas louças e objetos de uso pessoal e constrangida com a distância exagerada que mantinham os meus interlocutores. Mas a proximidade da morte faz com que se ame mais a vida e acentua a metafísica. Enriqueci com a doença e me tornei mais humana após o *serviço militar feminino* que foi o estágio de mais de cinco meses num hospital, quando imaginei ter vocação para a Medicina...

Ricardo voltara a residir na mesma pensão onde adoeceu. A dona era uma nordestina bonita de sorriso aberto e rosto redondo, aparentando uns 40 anos. Apaixonadíssima, permitiu que ele voltasse convalescente e sem dinheiro.

Ficamos amigos e das conversas e jantares a tres, fiquei sabendo que Ricardo era o mais velho de uma numerosa família transmontana e pretendia trazer todos para o Brasil.

No teste para Nas Garras do Destino, *1951*

feira, 22 de maio de 1958 — Tel.: 34-4181

CINE
TAMBELLIN

COMPLEMENTO N

INFORMA-NOS Paulo Bueno que o proje
Rio já conta com 23 assinaturas.
* Entre os estudantes, no esforço pela ob
tre outros vem se destacando Carlos N

Aurora Duarte, que durante algum período esteve ausente de nossas telas, vai reaparecer em dois filmes nacionais: "Nas Garras do Destino", já pronto para lançamento, e "Fronteiras do Inferno" (em cores), com filmagem bastante adiantada.

Recorte sobre Nas Garras do Destino, *22/05/1958*

Mas estava longe de ser o personagem do filme *América América*...

Inspirou-me então uma série de *poemas para o homem visionário*. Os poemas foram publicados em suplementos literários e marcaram a minha estreia na poesia. Alguns estão nos dois livros publicados. E farei outros.

Aprendi com Ricardo que o amor cotidiano é inviável. Como ator ele falava de teatro como se estivesse na Broadway e de cinema como se estivesse em Hollywood. Esteve para fazer *O Americano*, com Glenn Ford, mas como era muito alto e belíssimo, o astro não quis tê-lo por perto, fez outras tentativas, mas nunca emplacou. Aprendeu a ganhar dinheiro como madeireiro, mas não largou Maria, mesmo gorda e envelhecida.

Era atento à minha saúde, fazia críticas construtivas ao meu trabalho e se ocupou de mim o quanto pôde a sua fantasia.

Deixava-me brincar com os seixos da Torre de Londres, já trintona. E passear na roda-gigante – a menina sem brinquedo.

Muitas vezes estivemos juntos para provar que não poderíamos permanecer juntos. Passeamos de bonde aberto pelas ladeiras de Santa Tereza, no Rio.

Ricardo teve a extrema delicadeza de desaparecer. Eu e Maria procuramos por ele durante anos. Ela pensando que ele estivesse comigo e eu pensando que estivesse com ela. Nunca lhe disse que o meu cenógrafo muito tempo depois me confirmou ter reconhecido o seu corpo e que havia se suicidado nas águas do Capibaribe.

Ao passar pela Cinelândia do Rio inevitavelmente lembro da sua figura molhada pela garoa, quando eu voltei de Londres para os seus cuidados. Obrigada e descanse em paz. Já chego lá...

Um pequeno hotel na rua do catete

... perambulei pela Cinelândia pela primeira vez sozinho. E fiquei a confundir o teu vulto com as transeuntes no entardecer do outono. Imaginei o novo cabelo ruivo úmido pela garoa e o teu sorriso, minha cigana.

Segurei sofregamente a carta de Ricardo que me chegara do Rio. Eu estava em Piracicaba filmando *Os Três Garimpeiros* e Ricardo me escreveu uma longa carta, explicando que ainda não viajara para o Recife. Simulara a viagem para que eu ganhasse espaço e decidisse sobre o meu trabalho e sobre o tratamento. Ele ainda ficaria dez dias no Rio.

Como não tinha filmagem nos próximos dias, corri para o Gianni pedindo as minhas folgas. Foi quando constatei que Elke havia cometido um lapso terrível no meu contrato: não haviam sido previstas as folgas. Gianni Pons não concordou com a minha saída do campo de filmagem, mas consultei o mapa de produção e fui no avião de Armando Dedini para o Rio de Janeiro.

Reencontrei Ricardo no mesmo hotelzinho da rua do Catete. Havia acabado de tomar café e se preparava para sair quando entrei no seu quarto. Ele sorria muito, incrédulo. Eu comecei a tirar a roupa como se fosse entrar em cena, enquanto lhe dizia:

– *Nós nos comemos com os olhos durante todos esses anos. Agora vamos nos separar, talvez para sempre. Você vai ser madeireiro e eu serei uma estrela. Não haverá lugar no meu coração. Depois serei uma produtora de cinema. Não terei tempo para um grande amor. Assim, é melhor que você me ame hoje.*

Nós nos amamos durante um dia e uma noite.

Expulsos do paraíso

Longe, ah tão longe, um pássaro ouvirei...
cantar no meu perdido paraíso.

E . E . Cummings

Conheci Renato no último dia da Bienal, ante as obras do Museu do Inconsciente. Nos primeiros seis meses a gente sorria quando lembrava ou mencionava a circunstância. Durante seis meses sorrimos e rimos muitas vezes, quando estivemos no Paraíso. Nos outros seis meses fomos expulsos e descemos aos infernos criados por nós dois.

Após o rompimento definitivo, durante meses esquivei-me o quanto pude de falar no caso. Dilacerava-me.

Uma conhecida relatou-me os estágios da sua dor ao perder o marido num acidente de carro:

– *No princípio eu não conseguia acreditar, depois não queria aceitar, senti a solidão, veio a grande dor e finalmente fixou-se dentro de mim a saudade.*

Renato saíu da minha vida e foi a grande perda. Mas não sinto saudade, sinto a falta. A falta de um pedaço de mim.

Anos depois, confidenciando alguns lances ao meu amigo Rui Moreira Leite, ouvi uma pergunta que me fez sorrir:

– *Mas nada foi bom?*

Caro Rui, eu lhe respondo com outra pergunta. A mesma que dei ao meu médico quando ele me perguntou se eu estava tomando TODOS os remédios que me passava. Respondi e lhe respondo: *e o meu instinto de preservação?*

Sou a legítima heroína daquele filme *A Mulher que não Soube Amar*. É difícil amar: a gente pode até morrer. Eu mesma fiz a peça com Luiz Sérgio Person *De Amor Também se Morre*. Se eu tivesse insistido em ficar com Renato é possível que não tivesse escrito este livro. Teria morrido de enfarte, pois não me faltaram as pontadas por todos os lados, os suores frios e o medo. O amor deu-me o medo que a morte me dá. Também é o desconhecido. Você se perde para se encontrar... no outro. E o outro te maltrata porque também se perde. Foi assim, dei um mergulho na alma do outro e alma é território, não é mar. Também me senti invadida e vilipendiada. Hoje sei que amar de verdade não é bom: só de mentirinha é bom.

No Grande Teatro Tupi, direção de Luiz Sérgio Person, em De Amor Também se Morre

Exaurida de tentar descobrir onde falhei, constato que também ele falhou, porque amar – de verdade – não dá certo.

Eu tinha 50 anos, andava de *jeans* e tênis, a cara lavada, nenhuma vaidade, trabalhando e comendo muito. Renato tinha 35 anos, ganhava dinheiro sem trabalhar, vestia-se formalmente e quase não comia.

No começo só pelas ginásticas amatórias e mais tarde pelas encucações e polêmicas, Renato emagreceu e ficou mais bonito do que eu em qualquer época da minha vida. Também por isso não podia dar certo, porque eu morria de ciúmes e o atormentava mais ainda.

Renato é castanho de olhos verdes, tem um sorriso que a minha mãe não esquece e parece vestir-se com Armani. Mas nada disso me levou para a cama, dizia ele sorrindo. Depois de um inspirado discurso socialista fomos para um motel pela primeira vez. E esse fato fazia parte do repertório das nossas graças.

Não falar das nossas vidas passadas – neste mundo mesmo – não foi uma boa idéia. A colocação foi dele, talvez por medo. Mas é estranha uma relação com segredos – as raízes ficam à flor da terra.

Certa vez perguntei ao Renato se ele queria ver um retrato meu aos 25 anos, ele respondeu:

– *Prefiro ver você agora, aos quinze.*

Gostei porque me sentia leve e apaixonada, mas queria lhe fazer confidências e revelar segredos.

Dele soube pouco. Estudou Sociologia, fez pós-graduação e estudos complementares na Europa. Dava assessoria a uma firma exportadora, com escritório na França, de onde veio quando o pai adoeceu e a mãe, num momento tão inoportuno, saíu de casa. Deduzi que ele tinha vindo para tentar uma reconciliação entre os dois e cuidar do dinheiro do pai. Várias vezes ele teve que viajar para o Rio, sede da empresa da família e para onde foi quando terminamos.

Nessa época, junto com Sérgio Cavalcanti, primo de Alberto Cavalcanti, eu trabalhava em alguns projetos de documentários sobre arquitetura. Um dos projetos foi produzido por Cláudio Cunha e dirigido por mim. Intitulou-se *Os jesuítas e a arquitetura paulista do século* XVII. Também cuidava pessoalmente da distribuição dos meus curtas e pesquisava sobre a lenda céltica de Tristão e Isolda. Com tudo isso, arranjava tempo e pretexto para me degladiar com Renato. Somente por ter mais tempo ele me atormentava mais.

Após a nossa última briga e posterior reconciliação, tive um mal estar terrível, sentia como se fossem punhaladas no peito e nas costas, me deu medo de morrer, ali mesmo num barzinho da moda, e voltei correndo para a minha casa. Durante dois dias Renato me telefonou por muitas vezes, deixou recado na secretária eletrônica, ligou para um amigo comum que tínhamos. Silenciou no terceiro dia e por uma semana não tive qualquer notícia dele. Até ser procurada por aquele amigo e ficar sabendo que ele se internara por conta própria numa clínica psiquiátrica. Não pude vê-lo no começo e depois achei melhor não procurá-lo nunca mais. Trocávamos algumas cartas e quando ele saíu da clínica houve um único encontro. Renato propôs uma tentativa diferente, dentro de novas regras. Mas senti medo da sua fragilidade, da sua beleza, do seu dinheiro e do meu inferno interior.

Prevalesceu o instinto de preservação. E prevalesceu também a convicção de que amar é muito complicado. Respeito quem vence essa escalada.

Pois é: acertei no amor mas não levei.

Como é que se pode acertar e não levar? Aconteceu comigo.

Capítulo 5

Caleidoscópio

Delmiro gonçalves no bar

Acredito que Delmiro se produzia todos os dias, cuidadosamente, a fim de frequentar o Bar do Museu na Rua Sete de Abril. Sempre que eu ia lá encontrava com ele na estica. E os nossos assuntos não acabavam nunca.

Um dia Lima Barreto estava lá com o filho Felipe, dele e de Araçary de Oliveira, e o menino não nos deixava conversar. Lá pelas tantas Delmiro bradou: DETESTO CRIANÇA! E como Lima fez uma expressão ameaçadora e se levantou, Delmiro concluíu num tom de voz mais baixo: DETESTO CRIANÇA... EM BAR...

Esbravejava, mas não me parecia de briga. Por vezes, até conciliador. Contei-lhe que já tinha feito mil peripécias para ter uma audiência com Júlio de Mesquita e que era impedida pela secretária. E que havia encontrado o dono do Estadão no elevador e lhe pedi a entrevista. O Dr. Júlio disse para que o meu curriculo fosse encaminhado e *depois veremos*.

Achei um absurdo fazer um curriculo. Minha carreira vivia saindo nos jornais, inclusive no dele e toda a gente me conhecia. Delmiro me aconselhou a fazer o tal curriculo. E fiz um, bem mentiroso, sendo prontamente atendida pelo patriarca no salão nobre.

Eu queria simplesmente que ele me encaminhasse ao Brigadeiro Eduardo Gomes para conseguir transportar equipamento cinematográfico para o nordeste. Ele me encaminhou ao Brigadeiro.

Quando mostrei ao Delmiro o currículo mentiroso ele perdeu a compostura de tanto rir. Como eu podia acreditar que o Dr. Júlio levara a sério tanta substância para uma jovem de apenas vinte e poucos anos?

Importa é que fui atendida. Os fins justificam os meios ou os meios justificam os fins?

Como se faz um filme

Acredito que o bom resultado de um filme se deve à idéia original, ao roteiro e ao entrosamento das equipes técnica e artística. Quando elas pensam junto, o trabalho corre solto.

Não gosto dos esquemas que escondem as intenções dos atores. Eles também devem participar dos itens mais subjetivos.

Assim é que depois de pronto *A Morte Comanda O Cançaço*, fizemos uma exposição no Teatro Municipal sob o título *Como se faz uma produção cinematográfica*. Começava com as duas páginas do story line, os tratamentos do roteiro até o roteiro técnico final, os estudos de guarda-roupa, cenografia, as câmaras e negativos usados, os filtros e a película pronta para exibição. A idéia foi coletiva e partiu do mapa da produção, análises e das *ordens do dia*. Descobri que todos guardavam cópias dessas ordens que eu escrevia semanalmentee ia adaptando ao andamento das filmagens. Algumas pelo leve tom de humor, com *não subam as escadas como se estivessem vivendo os últimos instantes das suas vidas* ou *não se mostrem tão aflitos à mesa, pois haverá comida para todos*; outras pelos dados técnicos que seriam utilizados nas cenas. Claro que aprendi nos dias romanos, nas viagens para ver como se faz e, principalmente, no corpo a corpo cotidiano.

Quando Tizuka Yamasaki estava finalizando o documentário sobre *Inimá de Paula*, mandou-me um recado pela assistente me lembrando que ela era professora de cinema. Continuei firme

Cartaz de A Morte Comanda o Cangaço

Milton Ribeiro e Alberto Ruschel em A Morte Comanda o Cangaço

No set de filmagens de A Morte Comanda o Cangaço

Uma produção de nivel internacional, extremamente cuidada... irrepreensivel a parte de Coimbra... Merece, também, elogios a cor. . . E muito boas, também, as cenas de ação —

L. R. M.
DIARIO DA NOITE

Em meus 16 anos de crítica cinematográfica confessa que nunca ví tamanho intereêsse do público por uma fita nacional !
Um grande filme. . . um filme vivo e movimentado. . . —

WALTER ROCHA
CORREIO PAULISTANO

Vitória do Cinema Brasileiro !
. . . são tantas as belas sequências, que os pecados do começo são facilmente esquecidos —

ULTIMA HORA

Do mundo do cangaço novo e grandé filme :
. . . categoria internacional. . .
. . . requintadamente plástica —

ESTADO DE S. PAULO

«Orgulho é o que a gente carega, quando assiste. . .»

A GAZETA ESPORTIVA

Há cenas ou sequências que se poderia classificar como «antologicas»
. . . são realmente momentos do mais alto nivel cinematográfico. . .

FOLHA DE SÃO PAULO
BENEDITO J. DUARTE

«. . . Um filme nacional realmente recomendavel. . . consegue empolgar até os espectadores mais exigentes —

SHOPPING NEWS

Uma atmosfera de cores e de autenticidade como o cinema raramente apresenta» — Caio E. Scheiby . «CRITICA» de S. Paulo

A MORTE COMANDA O CANGAÇO

Prêmio Governador do Estado de São Paulo | 1960 | Melhor Produtor / Melhor Diretor / Melhor Roteiro / Melhor Ator / Melhor Fotógrafo / Melhor Cenógrafo / Melhor Atriz Coadjuvante.

Prêmio Cidade de S.Paulo / Melhor Roteirista / Melhor Montagem | Melhor Cenografia / Melhor Coadjuvante Masculino / Melhor Iluminação / Menção Especial à Produção..

Prêmio Saci / Melhor Filme / Melhor Ator / Melhor Roteiro / Melhor Fotografia / Prêmio especial para Diálogos / Prêmio especial para Côres.

Representou o Brasil no XI Internationale Filmfestspiele, em Berlim e na Academy of Motion Picture Arts & Sciences

Fortuna crítica e premiações de A Morte Comanda o Cansaço

Em A Morte Comanda o Cangaço

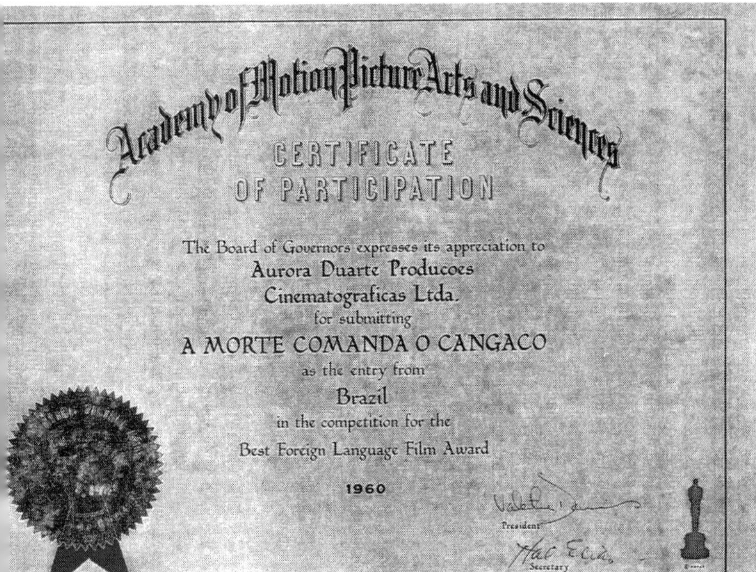

Academy of Motion Picture Arts and Sciences

CERTIFICATE OF PARTICIPATION

The Board of Governors expresses its appreciation to
Aurora Duarte Producoes
Cinematograficas Ltda.
for submitting
A MORTE COMANDA O CANGACO
as the entry from
Brazil
in the competition for the
Best Foreign Language Film Award

1960

President

Secretary

Certificado da Academia de Artes e Ciências de Hollywood pela indicação de A Morte Comanda o Cangaço *ao Oscar de Filme Estrangeiro de 1960*

na manutenção do *timing* e respondi que seria sempre uma aprendiz de cinema e que tinha estudado na escola da rua. Da rua do triunfo, em São Paulo, e do Beco dos Aflitos, no Rio. Tenho o maior respeito pelas escolas e faculdades de cinema hoje existentes mas, se o tempo voltasse, eu continuaria aprendendo na rua. É mais coerente com a minha estória.

Como nascem os filmes

Os filmes também nascem de um embrião. O documentário *Território do Poeta* teve uma longa gestação. E foi rodado em uma semana em Aiuruoca, Minas.

O crítico do Estadão, Almeida Salles, me apresentou a Dantas Motta no Bar do Museu, na avenida São Luiz. Falamos de palavras. Um exemplar do meu livro *O pássaro e o náufrago* parou em suas mãos e ele observou o uso de palavras incomuns. Deveria estar brincando... Num domingo, no apartamento do Almeida Salles na Praça da República, passei a tarde lendo Dantas Motta. E que uso das palavras! Brincou comigo, mas os seus versos cravaram-se na minha mente.

Quando Dantas morreu, falei com seu filho Lourenço que gostaria de ler tudo, inclusive os inéditos.

Tempos depois, o ator, produtor e diretor Cláudio Cunha perguntou-me se eu gostaria de dirigir sem me preocupar com produção, livre e sem intromissão de ordem nenhuma. Quem não quer? E me propuz a fazer um documentário sobre a poesia de Dantas Motta.

Curiosamente a equipe que levei para Minas manteve-se o tempo todo numa atitude respeitosa. A fotografia é belíssima e o resultado envaidece o meu produtor.

O roteiro estava só na minha cabeça e nunca foi escrito.

Ainda sobre roteiros

Muito sério Carlos Coimbra me comunicou o que eu já sabia: Florinda, o meu papel, tinha desaparecido do filme. Claro, de vez em quando eu tinha que ir a Fortaleza resolver problemas de produção e fazer operações bancárias para acudir os compromissos. Peguei o roteiro e em duas noites escrevi a cena em que Alberto Ruschel não me deixa entrar na caatinga, a cena do reencontro e reescrevi o casamento tirando o padre da estória. Coimbra inseriu tomadas das minha pernas seguindo o grupo e assim reapareci no filme.

Com Alberto Ruschel em A Morte Comanda o Cangaço

Com Edson França em A Morte Comanda o Cangaço

Em A Morte Comanda o Cangaço, *1960*

A Morte Comanda o Cangaço ganhou vários prêmios pelo roteiro e Coimbra sempre quis me dar um creditozinho. Ora, mãe não cobra o que dá aos filhos-filmes...

Revisão de acertos

Luiz Sérgio Person trabalhou com Odilon na comédia *Complexo de Champanhe*, como ator. E vem daí o nosso entusiamo pela gente que faz teatro. Era um tema recorrente em nossas conversas.

Trabalhei com Alfredo de Oliveira em *O Canto do Mar* e fiquei anos sem vê-lo. Quando me desentendi com o *Teatro de Equipe de Pernambuco* ele me procurou na chácara em Apipucos e colocou o seu teatro à minha disposição.

Aprendi muito com Flamínio Bollini e fui dirigida por Walter de Oliveira em *Entre Quatro Paredes*. Uma relação de altíssimo nível. Luiz Mendonça me dirigiu em *A Compadecida* e embora tenha sido uma imposição do Secretário de Cultura Abelardo da Hora, tivemos um convívio prazeiroso.

No *Teatro do Terror* contacenei com Ricardo Bandeira, Carmem Silva e Jayme Barcelos, entre outros, dentro da maior camaradagem.

José Pimentel, o meu João Grilo, colocou um caco na peça e repetia toda noite: *Nossa Senhor, Vou Sentir Muita Saudade*...

Essa saudade permanece comigo. E gratidão pelo profissionalismo, empenho e elegância de toda essa gente boa.

No meu último aniversário, como soe acontecer, fiz revisão dos meus erros e acertos. Comemorei com Maria Lúcia Ferraz e Manoel Ribeiro do Valle, dois acertos.

Aloysio Raolino e Hermano Penna são acertos e continuo esperando muito deles.

Músicas e maestros

Conheci Guerra Peixe fazendo suas pesquisas no nordeste. Depois estive com ele fazendo a música de *O Canto do Mar* e o contratei para *Riacho do Sangue*. De longe e com respeito.

Na década de 60, o maestro Mastroiani, no Recife, me fez cantar acompanhada de orquestra. Quando ele me acompanhava ao piano costumava dizer: não se preocupe comigo, siga em frente. Ele sabia da minha dificuldade com música e é dificílimo ignorar uma orquestra... mas fomos em frente a despeito de tudo.

Simonetti foi meu contratado para *A Morte Comanda o Cangaço* e adoro o seu trabalho.

Certa vez no aeroporto de Cumbica junto com o maestro Geraldo Menucci perdemos o vôo. Ele tentava me explicar como seria Wagner (que ouço às vezes) com instrumentos nordestinos. Seria para um projeto sigilosamente guardado.

Tenho medo de escolher música para cinema e sempre busco assessoria. Mesmo para os trabalhos mais simples (?).

O Vergueiro, da Eldorado, e o Marcos Pereira deram-me sugestões bem vindas.

Nunca trabalho com música. E ao longo da vida tenho evitado fazer amor com acompanhamento musical.

Os maestros me encantam e a música sempre me arrebata.

Uma russa protege o cinema brasileiro

Na década de 50 tínhamos duas associações de cinema. Uma que se transformaria em nosso atual Sindicato dos Trabalhadores da Indústria Cinematográfica, da qual fiz parte, junto com Antonio Augusto Cavaleiro Lima no Conselho

Fiscal. E a outra, que era uma *melancia*, infiltrada por elementos do Partidão. Os companheiros organizavam palestras em núcleos de grande concentração popular, onde eu apresentava filmes de André Cayate e falávamos de política. Lola Brah não se conformava com essa militância e me achava inconsequente e tola, sendo usada. Insistia numa catequese anti-comunista monocórdica e rompeu comigo quando fui receber Anita Leocádia Prestes que chegava da Rússia e foi homenageada no Estádio do Pacaembu. Fui anfitriã.

Mais tarde, quando soube que estive com Prestes, não se conformou e tentou me fazer uma lavagem cerebral.

Flávio Tambellini nutria grande admiração por Lola Brah e acreditava que a nossa amizade daria certo. Deu. Fomos amigas por muitos anos, mas no começo eu fazia resistência porque achava que ela havia se casado por interesse com um homem bem mais velho e rico. Depois, quando descobri que existem várias formas de amor, aceitei aquela relação. Lola morreu antes do Sylvio, que ficou morando no mesmo apartamento com Wallya, a irmã, até morrer.

Éramos amigas mas ela nunca confirmou o que se falava a boca pequena: além do Sylvio, Juscelino Kubitschek (?) teria com ela um tórrido *affaire*.

Com Ruth de Souza, Lola Brah e Andréia Bayard, em reunião de classe

Lola Brah era muito bonita. E chic. Vestia-se com apuro e segurava a minha piteira de ouro muito bem. É com a piteira que ela aparece no prólogo do filme *Ravina*, de Rubem Biáfora.

Quanto a Juscelino, não tenho nada a acrescentar sobre o que todos sabem. Mas para mim ficou evidente que ele não gostava do cinema brasileiro. Estive com Lola e uma caravana de atrizes, atores e cineastas em audiência para pedir leis de proteção e ele rodopiou o tempo todo pela sala olhando para o ar. Foi desconcertante. O pior é que depois todo mundo tentava interpretar a sua atitude, mas Juscelino simplesmente estava no ar...

O nome de Lola Brah está ligado à luta pelo nosso cinema, através de leis, financiamento e promoção. Uma figura obrigatória, muito além dos dotes de atriz.

Era uma amiga, assim, não pude recusar o seu pedido para que *Riacho de Sangue* participasse de um festival numa cidade do interior de São Paulo. Fora um filme muito caro, cuidadíssimo, e optei por não colocá-lo em competições dentro ou fora do Brasil. Programei para esse filme apenas uma carreira comercial que, aliás, foi péssima. Um erro de cálculo.

Mas foi durante esse festival que tive uma demonstração calorosa da sua amizade. O juri tentou julgar o meu filme, que foi exibido fora da competição. E ela se armou contra todos, inclusive criando um acirrado embate com Rogério Sganzerla, tendo exigido que ele a respeitasse, pois poderia ser sua mãe... Rogério ironizou: *minha avó*. Mesmo ferida na vaidade, não permitiu que *Riacho do Sangue* fosse julgado, cumprindo o trato e satisfazendo a minha determinação.

Lola participou do Grupo Executivo do Cinema – o Geicine, a base do Instituto Nacional de Cinema e foi incansável na defesa da nossa cinematografia.

Os festivais interioranos cumpriam o seu papel de colaboradores na divulgação dos nossos filmes. E foi num desses que conheci Sérgio Ricardo.

Esse mundo é meu

Apaixonei-me pelo filme e acabei pagando ao Jarbas Barbosa todo o investimento que fizera pela distribuição. As cópias foram remontadas, de comum acordo com Sérgio, mas eu não conseguia uma data para lançar o filme que tivera problemas com a censura. De repente, houve aquele bendito gesto do violão quebrado e, graças a Dante Ancona Lopes, lancei o filme no Belas Artes. Foi uma noite inesquecível, a do lançamento. A rua da Consolação teve o trânsito interrompido, Sérgio e Toquinho se apresentaram no palco e o cinema brasileiro teve um brilho intenso.

Vale a vida.

Lambreta

Cortei a cidade de lambreta na manhã ensolarada. O vento nos cabelos e em todo o corpo a alegria de viver. São Paulo na década de cinquenta...

À noite, comendo massa e tomando vinho, relatei a minha aventura inédita a Flávio Tambellini. Ele parecia mais preocupado em que eu comesse pouco para não engordar, mas colocou a cena inteira num roteiro que estava escrevendo. Eis a sequência: um rapaz da Western Telegraph vem muito cedo entregar um telegrama para uma moça que tivera uma noite insone. Ela deprimida e cansada e ele cheio de vida. Um diálogo superficial e ela sai sem abrir o telegrama, agarrando-se ao rapaz de lambreta, espargindo na cidade o seu desassossego, sorrindo e rindo.

Flávio gostou da cena mas me passou uma reprimenda áspera. Como é que saía assim, sem mais nem menos, com um desconhecido?

Flávio Tambellini foi meu colega na TV Tupi, num programa intitulado *Crítica de Cinema*, onde ele fazia uma abordagem severa dos filmes da semana e eu falava de amenidades. Amigo e amante, tentou inutilmente enfiar o cinema americano na minha cabeça, mas eu sempre estive mais para Fellini que para William Wyler e embora hoje reconheça o cinema americano como um grandioso todo, fico com a Europa.

O samurai

Não reconheci o jovem ator japones e lhe disse que julgava Toshiro Mifune o maior ator do mundo. E ele anunciou simplesmente: *Eu sou Mifune*.

A partir desse instante juntamos as nossas bandeiras num só carro: do Japão e do Brasil.

Era o Festival de Berlim. Além da programação intensa, muitos encontros e eventos paralelos e fomos incansáveis até alguém – nunca soubemos quem – separou as nossas bandeiras.

Com Toshiro Mifune, no Festival de Berlim, 1961

Chegada a Berlim, 1951

Na chegada a Berlim, 1961

Estive com Toshiro em outros lugares e da última vez lhe contei que havia conhecido Akira Takarada aqui no Brasil. E que também fomos separados misteriosamente... Ele riu, mas não gostou. Afinal, TAKARADA Akira não é MIFUNE Toshiro.

Falando com Arne Suksdorff

Durante anos Massao Ohno esteve à frente da distribuidora, que nos dava prazer. Só distribuímos filmes que amávamos ou de pessoas amigas. Nada mais diletante e satisfatório. Era o tipo da situação em que cabe bem dizer: ganha-se pouco mas é divertido. Distribuímos clássicos japoneses, como *Contos da Lua Vaga* ou nacionais como *A Margem* de Ozualdo Candeias.

Nessa época tive um contato inesquecível. Foi com Arne Suksdorff, premiado diretor sueco, que dirigiu no Rio de Janeiro o filme *Meu Lar é Copacabana*, lançado com o título *Fábula*. Era sobre menores de rua. Em minha casa hospedei dois atores mirins. O terceiro foi adotado por uma família sueca. Convidei Arne para o lançamento em São Paulo e ele compareceu, inclusive concedendo uma concorrida entrevista coletiva.

Esse contato foi determinante para a minha volta ao cinema documentário. Como ninguém, Arne me fez atenta à utilidade de uma manifestação artística.

Homem educado e sensível, dono do mundo, surpreendeu-me ao fugir da feérica fachada do cinema lançador. Uma inusitada timidez levou-nos a esperar o fim da sessão e os amigos num bar próximo.

Quem nos via juntos era incapaz de entender o nosso idioma: uma mistura de todas as línguas, levando a um entendimento total. O curioso dessa história é que os jornalistas pediam o tempo todo que eu *traduzisse* as perguntas para Arne. As respostas dele também eram *traduzidas* entre risos e espanto. Afinal, que idioma falávamos? Acredito que o idioma de um futuro próximo: sintonia.

Ainda sobre sorrisos

Após assistir *O Bandido da Luz Vermelha*, do Rogério Sganzerla, observei que tinha poucos *travellings*... Rogério sorriu gostosamente porque lembramos do tempo em que ele, muito jovem, esquematizava roteiros apoiado em *travellings*... que não vi utilizar tanto.

Hoje associo esse fato aos que querem utilizar TODOS os recursos de uma ilha de edição. Continuo achando que a forma deve servir ao conteúdo e que alguns filmes são tão vagos quanto um *clip* descartável. Não que todos tenham que dizer alguma coisa, mas que, preferivelmente, deve falar quem tem algo a dizer.

Festival Internacional de Cinema de São Paulo

Cheguei a São Paulo e fui conhecer o governador Lucas Nogueira Garcez. Usava um vestido estampado de onça, saldo de desfile, e uma bolsa de crocodilo.

Desde o meu encontro com Getúlio com meu vestido russo, passei a considerar a tática de usar uma roupa estapafúrdia para causar impacto. Num festival internacional a loucura era tão grande que só consegui impacto com um vestido caseiro, de algodão listrado de azul e branco.

Fiquei no Hotel Esplanada. No mesmo andar de Erich Von Stroheim, perto do Errol Flynn e Joan Fontaine, entre outras celebridades, e Valentina Cortese, que eu voltaria a encontrar muitos anos depois em Rapalo. Tinha um *aplomb* que eu admirava – e invejava e se dizia sempre apaixonada. *Una donna*.

Edward G. Robinson declarou numa entrevista que Aurora Duarte era a mais bela do festival. E quando me perguntaram como eu me sentia com essa opinião, imbecilmente disse que preferiria ser considerada uma boa atriz. Resposta que além de imbecil era mentirosa, porque nunca tive o sonho de ser atriz e ele era uma personalidade interessantíssima.

Os pingos nos is do primo Carbonari

Francisco Verde foi um exibidor que agradava gregos e troianos – ou melhor, europeus e americanos. No seu tempo de Condor Filmes, junto com o irmão Wenceslau, celebrizou Sarita Montiel e importou muitos filmes espanhóis. As nossas afinidades iam além do cinema e do sangue. Chico amava a vida e era amado pela boa vida onde derramava rios de dinheiro, mas só perdia no jogo. E me perdeu para outro Chico, o Francisco Lucas, seu sócio da Empresa Sul, a quem pensei dar filhos um dia.

Mas continuei amiga do Verde e sou como os seus inúmeros amigos: falamos dele como se estivesse vivo. Vá ver, está...

Francisco Verde me apresentou a Primo Carbonari que durante décadas fez um jornal da tela, produziu alguns filmes e inúmeros documentários.

Foi Primo Carbonari quem me emprestou a câmara para iniciar as filmagens de *A Morte Comanda o Cangaço*, concluída com o equipamento da Vera Cruz. Acudiu-me muitas vezes, como a muitos outros produtores. Na Amplavisão, na rua Boracéia, fiz muitos *avant-trailers*, em fim de produção, quando se come mortadela. (Hoje prefiro sardinha...)

Durante décadas Primo e Paulo Sá Pinto trabalharam a idéia e recolheram material para realizar um filme sobre Santos Dumont. Paulo Sá Pinto morreu sem realizar o filme e acabo de receber o comovente convite de Regina Carbonari para concluir o projeto. Fui à Vila Nova Cachoeirinha onde hoje funciona a AMPLAVISÃO Cinema e Vídeo e assisti todo o material.

Na AMPLAVISÃO revi as centenas de latas que fazem o arquivo do Primo Carbonari e as Câmaras, refletores e arcos da Vera Cruz num mix com modernos equipamentos de vídeos, ilhas e uma nova parafernália.

É o passado, o presente e o futuro desse homem que ata a morte discutiu ferozmente os problemas do cinema brasileiro.

Mas o certo é que este homem, que falava demais e brigava com o invisível, registrou décadas de nossa história. E durante décadas ajudou novos e velhos cineastas com o dom admirável de dar sem causar constrangimento a quem recebe e dá sem esperar de volta.

Ele, Primo, irmão da gente que faz cinema foi também um pássaro altaneiro.

Rita Lee lança luz sobre Lívio Rangan

Numa entrevista recente, Rita Lee afirma dar valor às experiências com sexo, droga e *roquenrou*. Beirando os cinquenta, diz também que seu casamento com Roberto de Carvalho foi um ritual de confirmação, um romance de verdade entre filhos, sucessos, ciúmes, tesões e contas a pagar no fim do mês.

Quem me iniciou em Rita Lee foi Lívio Ragan, num memorável show da Rodhia. Ela continua a mesma no humor e irreverência ao contar a tentativa de sequestro ao sair do hospital. Diz ela: *os bandidos, entre eles alguns policiais... não deixaram nem uma traça no armário*. Com naturalidade fala de uma fratura no maxilar e de crime de policiais... que levaram desde carro aos discos de ouro e platina, uns 27...

Repito com ênfase o que disseram os velhos na minha juventude: o mundo não é mais o mesmo.

Lívio Rangan foi tudo o que se pode desejar de um ser humano. Inteligente, criativo, culto, elegante, educado e extremamente gentil. Perto de morrer só nos falávamos ao telefone. Era como se ele tivesse a delicadeza de não se mostrar doente. Sei bem isso agora, pois ainda estou aos cuidados do pneumologista Octavio Ribeiro Ratto e sinto vergonha de estar doente. Troquei essas inéditas impressões com a minha amiga Gerônima, que fez transplante de fígado e confirma esse desconforto.

Mas tive o privilégio de estar com Lívio belo e saudável e depois na GANG, quando me deu de presente o lay out do cartaz de *Uma Nega Chamada Tereza*, filme que coproduzi com Jorge Ben, hoje Jorge Benjor. Naquele tempo fazia-se cartaz e cinema com Bricarello, depois com Benício, fiz com Jaime Cortês, mas queria uma coisa diferente para *Uma Nega*. E tive.

A questão gráfica é uma inquietude que tenho desde o tempo do jornalzinho da escola. Metia-me na composição, diagramação, sem ser cha-

Com Jorge Benjor, durante as filmagens de Uma Nega Chamada Tereza, *São Paulo, 1969*

Com Fernando Coni Campos e Jorge Benjor, durante as filmagens de Uma Nega Chamada Tereza, *1969*

mada. E foram os letreiros dos filmes que me empurraram para a finalização, que é o ponto agudo do nosso cinema. O outro ponto é o roteiro, mas isso fica para depois.

Lívio Rangan implantou no meu conceito cinematográfico a composição. Como não desenho, planifico os cortes com traços que depois interpreto para o montador.

Mas o mundo não é mais o mesmo. Hoje existe a computação gráfica que pode se unir à sensibilidade do artista.

Mas Rita Lee me trouxe de volta as cores, os sons e as formas de Lívio Rangan – um mago. E generoso, pois não me cobrou o cartaz... e ao ver o filme comentou apenas que sabia que eu poderia fazer mais.

Uma Nega Chamada Tereza foi dirigido por Fernando Coni Campos, no momento mais delirante de sua vida. É um filme de achados, sendo que o melhor está na epígrafe que é também uma deslavada justificativa:

ESSE FILME SÓ TEM COMPROMISSO COM A FANTASIA.

Encontro com Sérgio Milliet

E uma questâo pendente

Tive o privilégio de me sentar à mesa do Sérgio Milliet inúmeras vezes no Paribar. Não foram encontros marcados, mas estava escrito que ele integraria minhas lembranças. Esporadicamente eu sentia necessidade de ouvi-lo, de estar com ele em tardes úmidas, enevoadas. Eu quase não falava, que não sou louca. Culto e informado, ele polarizava as atenções sem alvoroço e como ainda se diz, atualizava a nossa *intelligentia*.

Muito jovem, sentia-me mais segura e eufórica com as informações que ele passava, e comentava esses encontros com o meu amigo Adonias Filho – que acompanhou meu aprendizado nas artes e nas letras, precisamente na poesia, que é a minha praia, mais talvez que o cinema.

Adonias observava o meu entusiasmo pelo ensaísta e me indicava livros. Não sei se gosto tanto assim de ensaios, mas sei que Sérgio Milliet falando de qualquer coisa abria outras dimensões.

Só com ele, certa vez, arrisquei-me a colocar em pauta a questão da beleza. Nunca deixei de associar a feiura absoluta um certo tipo de maldade. Ele me fitou com intensidade e tenho certeza de que ouviria algo inesquecível, não fosse a interrupção brusca causada por um grupo que se agregou. E ficamos por aí.

Hoje, passando casualmente na Praça da Biblioteca, que agora é um lugar onde quase não se passa mais, constatei quão forte foi a figura de Sérgio Milliet na minha juventude. E me lembrei de que naquele tempo eu tinha um namorado italiano fossento belíssimo e que tive outros namorados bonitos, porque até hoje associo beleza a bondade.

Li no jornal que o Sérgio ao morrer só tinha dois ternos no guardarroupas... Essa é uma outra questão: essa da bagagem material.

João Goulart

Elaborei mentalmente o breve discurso que faria para João Goulart. Seria sobre a condição da mulher desde a antiguidade, passaria por Joana D'Arc, Anita Garibaldi, Florbela Spanca e Isadora Duncan até chegar a Maria Della Costa e à luta para se chegar a alguma realização em qualquer plano. Mas não houve clima na sumária audiência. Jango entrou na sala na hora marcada, onde cerca de duas dezenas de pessoas formavam um círculo incompleto. Parecia a reunião de uma seita secreta. Mas ele de um modo simples e natural aproximava-se de cada pessoa, ouvia a lamúria e em seguida murmurava poucas palavras para o assessor que o acompanhava. Disse-lhe que desde o meu primeiro filme pensei em produzir, mas era adolescente e não me levaram a sério. Continuava tendo proplemas para me impor, mas tinha um projeto elaborado e conseguira levantar parte do orçamento. Precisava de apoio no Ceará, onde filmaria. Jango me olhou nos olhos e em seguida perguntou já de olhos abaixados novamente:

– *Viaja quando?*

Respondi que dentro de uma semana. Ele se voltou para o assessor e disse que ia redigir um telegrama para o Parcifal.

Filmei no Ceará com o apoio do governador Parcifal Barroso, que depois do filme pronto confidenciou-me que Jango se empenhara no projeto que desconhecia, mas que me sentira firme.

Sou firme. Pedro diz que sou *de lei*. Meu amigo jovem assegura que estou *aqui*. E estou. Mas que importa se sou pobre no pedir? Poderia ter *chegado lá*. Poderia chegar, mas aonde chegam as plantas sensitivas?

Sou uma sensitiva. E ainda encontro justificativa para as botas sujas de bosta – ao longo da minha vida profissional tentaram me soterrar.

Namoro no escuro e escondida. Por isso ninguém dizimou os meus amores. Eu me encarreguei disso muito bem.

Memória seletiva

Voltando a João Goulart, o cenário do nosso único e rápido encontro é hiper-realista. Lembro-me de tudo. A sala ampla e despojada, o chão de tábuas encerado, o *cachepot* com espadas de

São Jorge sobre um banco alto abalroado uma meia dúzia de vezes, ele entrando de cabeça baixa e ouvindo cada um atento e aparentando vontade de servir.

A cena ressurgiu enquanto eu viajava para o Ceará fingindo dormir no avião.

Voltei a Quixadá um mês antes de completar 60 anos, no dia 17 de março. *A Morte Comanda o Cangaço* integrou a mostra de filmes realizado na região e assim, 36 anos depois estive com velhos amigos e fiz novos. Clébio, o idealizador do festival, convidou-me para fazermos juntos um documentário sobre o açude do Cedro. E é claro que faremos. Estive com Salatiel, um trovador, em duas noites enluaradas. E conheci mais um homem da família Hollanda, sobrenome que adotei no filme. Florinda Hollanda, Maurício Hollanda, que inspirou Rachel de Queiroz no livro *O Quinze*, já morreu. Mas os seus filhos, que me inspiraram num romance ainda inédito, estão lá na Fazenda Fonseca, onde filmei e vivi uma vida.

Lembro-me de tudo desordenadamente, sem cronologia, mas com as cores de um caleidoscópio. Graças a Deus não tenho memória seletiva.

Certa vez falei para Fernando – Fernando Campos – que essa história de *memória seletiva* é coisa de gente mal agradecida, que finge esquecer favores recebidos, de bêbedo, que não quer lembrar dos vexames e de mal amado que esqueceu o endereço. Fernando confirmou *a gente mal agradecida* e riu. Seu riso está lá, no meu caleidoscópio, que guarda vivos e mortos, sem distinção.

Na música tenho a prova da ausência de uma memória seletiva. Gosto de tudo: Wagner, Vandré, Mozart, Gil, Pixinguinha, Cartola, cantos flamengos, Roberto Carlos, Júlio Iglésias... Alceu Valença me dá frio na barriga e João Bosco é para domingo á tarde. Música para mim nunca é de fundo. É sempre espaçosa.

Ipiranga com avenida São João

Acho a música invasiva e misteriosa. Não me meto a besta com música. Respeito-a. E não trabalho com música. Ouço-a. E conheço muito pouco. O maestro Enrico Sinonetti tentou me interessar pelas raízes, mas acho muito difícil entender música. É dele que me lembro quando cruzo a famosa esquina e das madrugadas no Jeca.

Uma noite levei para comer sanduíche ali nada mais nada menos que Akira Takarada. Aquele cantor e ator alto e belo lá da Manchúria. A sua altura e o terno solto de corte impecável não chamaram a atenção de ninguém. Era um lugar de artistas, principalmente músicos.

Akira veio ao Brasil para promover seus filmes e houve um jantar na boite Djalma para um grupo de artistas. Colocaram-me ao seu lado e lá pelas tantas fui *retocar a maquiagem* e quando voltei o Akira não estava mais ali. Ouvi murmúrios sobre um desentendimento entre o oriental e um ator baiano, que já morreu. Como teria sido o tal *desentendimento*? Nunca soube.

Na manhã seguinte recebi flores, um cartão com pedido de desculpas e um convite para almoço. Liguei para o consulado avisando que não poderia ir e combinei com o próprio Akira um encontro antes das 18 ahoras no cine Ipiranga onde o meu filme de cangaço estava passando. Ele tinha um jantar às 20 horas, só para homens – coisa de japonês. Fiz as gestões para um atraso de 15 minutos – o que não foi fácil. Nós dois subimos pela escada até o balcão e meia hora depois percebemos vultos nipônicos rodeando – eram pessoas do consulado e da distribuidora. Fugimos deles antes do filme acabar e o levei ao Jeca para experimentar sanduíche. A partir desse dia, estive com Takarada Akira ou Akira Takarada (para nós) em todos os eventos.

Em sua última entrevista para a Revista Manchete ele declarou ter gostado muito do Brasil e de mim. Mas acho que ele gostou mesmo foi do sanduíche do Jeca...

Capítulo 6

O Sismógrafo

> *"Como se tivesse em vez de olhos binóculos ao contrário, o mundo se distancia e pessoas, árvores, tudo diminui, mas nada, nada perde a clareza...*

Czeslaw Milosz – A Condição Poética

Tradução de Ana Cristina Cesar e Grazyna Drabik

Comecei bem 97, lendo Marcello de Almeida Toledo: um poema em prosa narrando o seu relacionamento com um cavalo, o Badalo, quando criança. No final ele tem que sacrificar o companheiro. Conta que depois cresceu, namorou, casou, como todo mundo. Não deu certo porque na vida nem sempre a gente acerta. Termina o poema afirmando que acertou no cavalo... (Marcelo, eu te amo... por ser quem é na Santa Casa e pelo que escreve.)

Acertei na carreira. Acertei quando aos oito anos fiz um projetor dentro de uma caixa com uma lâmpada cheia d'água, exibindo fotogramas conseguidos no velho cinema do bairro do Cordeiro. Acertei assistindo aos domingos a programação dupla e mais um seriado no grande cinema de Caxias. Acertei ao entrar para a Associação dos Cinegrafistas Amadores do Brasil, conhecendo Walter, Armando Laroche, Hilário Marcelino e os demais paraceiros de ideais. Acertei nos longos passeios com Luiz Maranhão Filho, que me introduziu na Rádio Clube de Pernambuco e Rádio Tamandaré e me impulsionou para a Rádio Jornal do Comércio, onde sonhei com cinema junto com Teófilo de Barros Filho. Trabalhei com Osman Lins e me senti inciada.

Acertei aceitando o convite de um desacreditado Luiz Sérgio Person para fazer na televisão *De Amor Também Se Morre*, com Sérgio Britto no papel do meu tio. Um trabalho belíssimo de Person, que quase foi sacrificado no início, por causa de um filme sobre futebol de mulheres. Na vida – e na carreira – não é sempre que a gente acerta... Disso bem sabe Francisco Lucas, exibidor e importador de filmes memoráveis, que me apoiou em vários projetos e algumas realizações.

Acertei ocupando-me de um desorientado Glauber Rocha, recém separado de Helena Ines. Ele me acompanhava nos passeios, no cinema, na feira e no super mercado, tornando tudo mais complicado. Mas tínhamos um elo forte: o sentimento pelo nordeste e o fascínio pelo fanatismo religioso. Ele faria *Deus e o Diabo na Terra do Sol*, que não é o meu preferido. Acho *Terra em Transe* o seu filme, uma obra roliça, entre as melhores do cinema.

Acertei convivendo com Paulo Emílio Salles Gomes e Flavio Tambellini. Trabalhando com Nelson Pereira dos Santos, em *A Arte Fantástica de Mario Gruber*, com Paulo Cesar Saraceni em *O Arcanjo Vingador*, com Olívio Tavares de Araujo em *Pintura e Paixão Segundo CB*, documentários feitos em parceria com Pedro Paulo Mendes e Silva, que ainda vai dar muito caldo.

Como disse, acertei na carreira. Cinema é o meu elemento, assim como a poesia. Mas não se vive de poesia. E de cinema pode-se dar um jeito de sobreviver.

Retocarei alguns argumentos, selecionarei projetos e voltarei a produzir. Longas, pois curtas nunca deixei de fazer, desde o primeiro sobre Porto de Galinha, o segundo sobre o carnaval de Recife, o terceiro... dezenas.

O meu sismógrafo detecta uma sonora acomodação no solo.

A produtora com Mario Gruber, Pedro Paulo Mendes e Silva e Nelson Pereira dos Santos, no filme Arte Fantástica *de Mário Gruber, 1980*

Se este livro fosse um filme

Se este livro fosse um filme e estivesse sendo montado pelo chato Hafenrichter, eu estaria em maus lençóis. O competente montador dos tempos da Vera Cruz era um mestre em descobrir erros na obra alheia. E fazíamos muitos erros, pois éramos quase todos iniciantes. E digo chato porque ele fazia um cavalo de batalha por um ponto e vírgula. E acho que o ponto e vírgula deve ser colocado onde o autor entender. Gosto mais do ponto e vírgula que do ponto final. E este é irreversível e irreal. Tudo tem conserto.

Voltando ao nosso mestre, durante a montagem de *Armas da Vingança* eu era apenas atriz, embora já tivesse mania de me meter na produção. Os diretores eram Coimbra e Severi, mas era no meu pé que eles pegavam para refazer planos. Refiz inúmeros, enquanto os colegas tomavam chá no Fasano, Vienense ou comiam sanduíche bauru no Ponto Chic. Tínhamos filmado em Jundiaí e ele sugeriu um lago poluído ali perto para que eu nadasse. Disse-lhe que quem nadava era Esther Williams e que moça caipira tomava banho escondido. Fingi nadar e a cena foi refilmada. Depois, *Depois de Montado* o banho faltavam planos das minhas pernas entrando no que ele chamava de lago. Peguei uma estranha verminose, mas refilmamos. Faltavam contrapla-

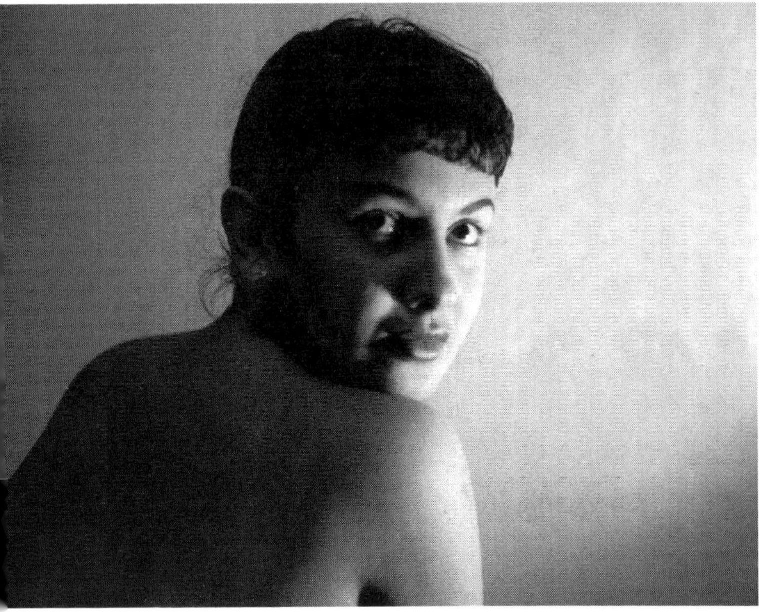

Em Armas da Vingança

nos. Refilmamos. Deve ter sido o banho mais difícil do cinema, mas deu página inteira da Revista Manchete e o mestre abocanhou prêmios de montagem e ótimas críticas. Deveria estar certo.

Mas neste livro-filme Hafenrichter não entraria. Escrevi à deriva, ao sabor da memória seletiva e não quero me aborrecer. Puxei a Noel: *quem é você que não sabe o que diz?*

Este meu livro se fosse filme seria montado em moviola. Na moviola dá para pensar, no Avid não. O insert e o prólogo serão com João de Alencar, por entender de delírios. Quando ele editava o documentário *Rimas para Liberdade* que dirigi, tive umas idéias diferentes que passei para o João num fim de tarde. Às 3 da manhã ele me ligou e anunciou: seu filme está pronto. E estava. Dentro do delírio.

Paranormalidade

O *insert* é a minha paranormalidade que por si só dá um livro. Bem pequena e muito calada eu intrigava as professoras lendo a sorte no baralho cigano. Elas perguntavam onde eu tinha aprendido e eu apenas respondia: *com os ciganos, ora*. Creio mesmo que havia um acampamento cigano perto da casa da minha madrinha, mas não sei como e quando aprendi a ler as cartas.

Mas sempre fui ligada em crendices, rezas secretas, magia, cabala e no estranhamento das sintonias.

Vi meu avô materno rezando no oratório no dia em que foi enterrado e ninguém precisou dizer que a minha avó torta (aquela que abriu caderneta da CEF para mim) tinha morrido a quilômetros de distância. Mas a paranormalidade não serve apenas para prever fatos nefastos. É também uma proteção e muitas vezes toma o lugar do Anjo da Guarda. Ele, o Anjo da Guarda, não permite que eu frequente ambientes pesados como o de uma conhecida galeria em São Paulo cuja dona dizem não ser flor que se cheire. Os parias, farsantes e foras da lei também não gostam de mim e o que é uma dádiva. Obviamente não é todo dia que recebo avisos do além. Mas quando voltei do nordeste trazendo os meus escritos não consegui entrar na cãs onde vivi mais de 30 anos e que eu adorava. O ar estava carregadíssimo. Usei bombinha e fui para um hotel até me organizar no centro, onde hoje moro. É incrível, mas apesar dos novos problemas, o ar aqui é rarefeito.

Deixei de assinar um contrato importante por questiúnculas. Depois constatei que não teria valido a pena. Era uma fria.

Um professor ex-seminarista começou a publicar meus textos no jornal da escola. O pessoal da Associação de Imprensa distribuiu para vários jornais a série *Poema para o Homem Visionário* (I, II, III, IV, V ...). O crítico Seve Leite fez umas referências elogiosas e a partir desse fato tornei-me desinibida e falante.

Agora a montagem, ainda na moviola, passa para Máximo Barro.

Na moviola com Máximo Barro

Foi importantíssimo trabalhar e conviver com Cavalcanti. Fundamental conhecer os grandes centros cinematográficos, reencontrar em Londres os antigos técnicos da Vera Cruz e conhecer alguns ícones.

Enriquecedor foi entrar no laboratório guiada por Oswaldo Cruz Kemeni e acompanhá-lo noite adentro com sua palheta de filtros de cores e nuances.

Interessar-me e estudar as questões da distribuição e exibição deu-me lucidez, embora talvez tenha tolhido o meu processo de criação. Fiquei com mania de fazer filme para ser visto, sem utilizar o potencial das minhas neuroses ... e uma boa neurose já deu grandes filmes. E arte pela arte.

Errei muito por nunca ter tido a idéia de fazer *lobby*. Um *lobbyzinho* teria caído bem na minha vida. Mas esta palavra não entrou no meu dicionário.

Um amigo que me conhece bem, que respeito e que não é analista da hora, sinalizou que procuro sempre o caminho mais difícil. É possível.

Por tocar em análise, pretendo fazer uma profundíssima quando não tiver mais nada para fazer. Mas não será com nenhum desses apressadinhos que vivem esbarrando em todo mundo a três por dois.

Quando estava fazendo a pesquisa para o documentário *O Inimigo do Homem*, sobre alcoolismo, tive assessoria especializada de médicos renomados. Durante mais de um ano entrevistei, filmei, conversei muito para fazer essa produção que me proporcionou recompensas tocantes. E não fui vitimada por nenhuma análise. Em compensação, os analistas de almanaque sabem coisas de arrepiar sobre o caráter que nunca me dei ao trabalho de esconder.

Depois de um grande sucesso, um grande fracasso, muitas lutas e alguns acertos, acredito conhecer melhor as limitações. Mas desconheço as forças que me levam a enfrentar os desafios. Às vezes sozinha, muitas vezes com a força dos antepassados mouros.

E, claro, com a minha faca de ponta.

Capítulo 7

Vertigem que Sobe

> *Sou louco. Mas não tão louco para pretender ser livre.*
>
> **Orson Welles**

Olinda e Recife

Voltei a Olinda e ao Recife a fim de terminar a pesquisa sobre o pintor Cícero Dias. Pedro Paulo Mendes convidou-me para fazer a produção executiva de um documentário que vai dirigir.

Fui iniciada em Cicero via Gilberto Freyre, meu vizinho de Apipucos, mas desconhecia detalhes de sua vida preciosos para registro. Por exemplo, menino de engenho, teve uma tia vitimada por uma bala do bando do cangaceiro Antonio Silvino. Gostaria de ter me aprofundado no tema, mas nunca estive tão perto e tão longe de Cícero – a glória total nos separou. Tanto no Recife quanto no Rio, durante a mostra retrospectiva que filmamos, os jornalistas não deram trégua. Vi apenas um homem de 90 anos esbaforido. Mas alegrei-me com a sua lucidez. E um interesse vital pelo País. Embora viva em

Paris desde o começo da juventude, a sua força vem da terra natal.

Olinda é a minha cidade para sempre. Não importa que tenha vivido distante e que às vezes me agaste com ela como num velho e definitivo amor. Já não teimo em agradá-la e posso andar livre pelas suas ruas ensolaradas.Conheço o interior de suas casas e os arredores da Academia Santa Gertrudes onde minha mãe estudou. Nos meus ouvidos está gravado o barulho incessante do seu mar obsessivo e nos meus olhos o brilho de suas cores foi incrustado.

O Nordeste está presente nos meus projetos cinematográficos e para Olinda reservo um poema de imagens.

Ainda lá esbocei o futuro livro de poesia: *Sete Cantos da Paixão e Elegia Para o Amor Incendiado*. Nele o fio condutor será a falta de disponibilidade para as coisas do amor.

Retomei o trabalho e os valores reais com muitas marcas. Os dois últimos anos foram dificílimos e as feridas ainda doem. Breve serão apenas cicatrizes.

Em sua eterna *Carta a um Jovem Poeta* Rilke sinaliza o indizível. Não é à toa que uma obra se faz eterna.

Se lhe puder dizer alguma coisa mais, é isto: não pense que aquele que o procura consolar leva uma vida descansada no meio das palavras simples e discretas que às vezes fazem bem ao senhor. A vida dele comporta muito sacrifício e muita tristeza e fica-lhes muito atrás. Mas se assim não fosse, ele nunca podia ter encontrado aquelas palavras.

Novamente forte, acredito que o mundo pode ser o imaginado, que as pessoas podem melhorar e que os sonhos não devem permanecer no limbo.

Ingá, Abil e Macaíba

Viver à deriva ou fazer um *briefing* para a vida? Eis uma questão a ser resolvida num alpendre nordestino.

Via congresso, festival, filmagens, o Nordeste sempre está comigo cotidianamente através da poesia, ensaios, leituras.

Após o lançamento do livro *Testamento Insensato* em João Pessoa e Recife, voltei a São Paulo via Rio, Petrópolis e Bicas, Minas.

Encaixotava a mudança em SP quando o Clébio me convidou para o Festival de Cinema de Quixadá, em que seria exibido o documentário sobre as minhas ligações com o cangaço...

De Fortaleza voltei ao Recife e fui à feira do Cordeiro com a minha irmã Ruth comprar mealheiros de barro e frutas que me dão saudade. Adoro ingá e macaíba assada. E como muita azeitona. Lá é assim que se chama... Deixei de comer oiti depois que vi que dá muito em cemitério – para onde não irei, pois serei cremada.

Foi nessa viagem que perambulei por Olinda e encomendei um quadro focando a Academia Santa Gertrudes, onde minha mãe estudou. Ela recebeu o presente comovida e lacrimejante.

Foi nessa viagem também que decidi fazer um *briefing* para a minha vida. A começar pelo depósito dos meus filmes na Cinemateca, recolher os que foram parar no CTAV do Rio e catalogar a série sobre pintura.

Comecei a recolher o material para um documentário sobre o Festival do IV Centenário e procurei o Naildo na Animation. Começamos a escanear as fotos que consegui com Armando Ceravolo, filho do Lucydio, que teve papel primordial na realização do evento.

Mas havia também textos que eu me comprometera a fazer. Estavam no *briefing* que foi por água abaixo com a cutucada que levei realizando os testes para *Filmes sobre Mulheres y otras cositas más*.

Mas agora estou em Olinda com a afilhada Ana Jesurary.

Amores, adeus

Ana é artista plástica e mora no terceiro andar de um casarão que o mar tenta invadir. Bem perto de uma igreja plantada junto ao mar – Milagres. Hospedo-me ali e não perco um pôr de sol Kodak.

Geralmente conversamos sobre arte e nossos amores. Eu falo bem mais e o curioso é que a nossa conversa flui como se não houvesse interrupções e distância. Da última vez contei-lhe que Alberto Ruschel e o pintor baiano João Augusto haviam morrido e que eu não tinha mais quem me arrastasse para tresloucadas aventuras. Exemplo: ir para o haras de amigos em dias de trabalho (Alberto) ou ir jantar no Rio e voltar de corujão (João Augusto). E que agora tenho dois *boys friends* seriíssimos (ou caretérrimos?).

Anunciei o Plano A – pôr o trabalho em dia – e o Plano B – viver a vida, como diz bem Manoel Carlos. Ela acreditou com reservas...

Parada em Petrópolis

Fui desfilar para a Bangu em Petrópolis no tempo áureo do Quitandinha. Uma consciência anterior me fez recusar convites posteriores. A Catedral e o Palácio de Cristal são bonitos e a cidade pode até ser interessante. Mas me incomodam o cheiro do canal e as casas mofadas. Ressalva para o Hotel Bragança de um casal de angolanos simpatississímo e da casa de Ângela Almeida, amiga de boas risadas. É um casarão arejado, sem tapetes e com um belo assoalho de tábuas tratadas.

Meu irmão largou um apartamento ventilado e amplo em frente à Marina da Glória e arrastou minha mãe para Petrópolis. Estava construindo uma casa num terreno colado ao de um vizinho mal-encarado, sempre com um revólver ameaçador. Esse indivíduo acabou matando meu irmão do coração. Ele, que achava o Nordeste violento, foi vitimado pela violência com verniz de uma sociedade decadente. Ali existe uma espécie de falido rancoroso carregando as traças do paletó de lã poído.

Pernoite em bicas

Giovanni era pacífico. Havia exercido funções diplomáticas em Washington e durante muitos anos na Embaixada da Indonésia. Como sói acontecer com homem bonito, teve namoradas feias. E a mais feia, baixinha e sem pescoço deu o golpe da barriga e ele acabou casando e se endividando para sair do casamento.

Preocupei-me ao vê-lo envelhecido e fumando muito. Ele parecia atordoado e dei a sugestão de se defender por meios legais ou vender tudo e ir embora daquele lugar malfasejo.

Fomos a Bicas ver uns terrenos, mas a minha intenção era induzi-lo a voltar para o Rio. Tirei muitas fotos da cidade que é fotogênica. Mas eu sabia que jamais voltaríamos lá.

Alberto Ruschel sentia-se nostálgico ao lembrar de lugares para onde não mais voltaria. E em minha última viagem a Pernambuco não me encontrei nos antigos lugares. Aquela Aurora das noites dançantes no Derby ficara por lá mesmo.

Máximo, será que cabe um corte seco para a Av. Paulista?

Ainda não. Relembro a última noite em que dormi no sótão da casa das manas Regina e

Ruth. Olhava os telhados do subúrbio ao luar. Na manhã, abri as gavetas da cômoda antiga e principiei a arrumar os escritos de muitos anos: contos, poemas, textos esparsos e esboços de roteiros. A mala ficou tão pesada que decidi despachá-la direto para São Paulo. Foi quando me ocorreu o título definitivo para o romance: *O Homem e sua Bagagem*.

Mas voltando a Minas, Bicas, ficamos até tarde conversando, mas eu não entendia meu irmão. Nem ele a mim. Ele ficou horrorizado ao me ver usar a bombinha de inalação e morar em São Paulo, e eu também me horrorizava com seu intento de morar junto de um cara armado querendo suas terras.

Nada conseguimos. Ele foi morrer em Petrópolis e eu vim para São Paulo encaixotar minhas coisas e mudar, agora para o centro onde lá longe, muito longe, vivi e sorria mais que em meus tempos de jardins. Essa é velha, mas vale ainda: é tudo tão relativo...

A fadiga do tempo

Este ano cortarei os cabelos. Curtos só cortei uma vez, quando operei um cisto no ovário e fiquei hospitalizada por um tempo longo, previsto. Minha mãe dizia repetidamente que meus cabelos eram muito bonitos. Outras pessoas também diziam isto, mas não com a mesma ênfase dela. Já em sua fase terminal, quando me via entrar no quarto com os cabelos presos ela pedia:

– *Solte os cabelos!*

Não tenho mais por que mantê-los longos: a minha Mãe Nova morreu.

Sempre achei graça no modo de ver e dizer as coisas do meu pai. Hoje não veria graça nenhuma. Estive muito próxima na agonia da minha mãe. Relembramos fatos marcantes, a sua valentia, dando aos filhos o melhor à custa de horas extras, de plantão noturno e até morar no hospital. Fui buscá-la para morar comigo em São Paulo e ela sempre trabalhando, querendo me dar coisas... Mas tinha com o meu irmão afinidades mais profundas. Também sai de casa aos 15 anos e eles sempre moraram juntos.

Minha Mãe Velha era diferente: queria apenas que eu fosse feliz. Não vinculava felicidade aos bens materiais. A Mãe Nova sentia prazer em me ver bem-vestida, cuidada e ... de cabelos soltos.

No meu primeiro livro há um poema que começa assim:

Sinto a fadiga do tempo
ao longo dos meus cabelos
tão longos... elos, amarras
entre a menina e o pássaro
e a mulher inavegável.

Ela ficou preocupada:

– *Você não está pensando em cortar o cabelo?*

– *Sim, mãe, este ano cortarei os cabelos.*

A minha bagagem já é muito grande... Veja quantas latas de filme. Elas somam no meu peso, como os cabelos. Quando eu estava identificando e catalogando os filmes pensei no peso e que talvez tivesse sido melhor fazer menos... De agora em diante vou fazer o essencial. O que é de bom tamanho.

Eternamente afiada

No livro de poemas *Testamento Insensato* Massao Ohno inseriu versos antigos no segmento intitulado *Amarcord*. Esclareço agora porque desconfio que algumas pessoas não tenham entendido estilos tão distintos.

Maria Lúcia Ferraz, minha amiga, que tem um leque de preferências artísticas, organizou o lançamento para os velhos amigos no Bar do Museu, na Rua São Luiz.

Massao esquematizou o lançamento do livro nos Jardins, em João Pessoa e no Recife.

Viajamos juntos para o Nordeste *rasgando seda*. Essa expressão ficou rotineira entre os mais observadores e assim foi a nossa convivência: *rasgando seda*. Mas eu sabia (sentia?) que seria a nossa última viagem. Pelo menos nessa encarnação...

O livro teve grande repercussão na mídia. E logo o meu amigo Clébio Ribeiro, escritor e cineasta, convidou-me para um festival de cinema em Quixadá, onde filmei *A Morte Comanda o Cangaço.*

Clébio fez um documentário sobre o meu trabalho e mobilizou os meios de comunicação para me dar realce... Dizia que eu precisava estar mais presente na mídia. Os projetos seriam mais facilmente realizados. É possível. Mas circular na mídia para mim é tarja preta. Não tomo mais comprimidos rosa ou azul. Para dormir só maracujá, leite e bolacha Maria.

Gosto mesmo é do meu trabalho.

Casei com amigos. Se ganhei a paz de espírito, perdi a emoção. E descartei o casamento porque é cansativo, destrutivo e perde na conta custo-benefício.

Sou a mulher das paixões ordinárias. A afetividade corre paralela à minha realização como artista. Não me realizaria através do outro. A angústia cósmica não me faz superior. Ao contrário, torna-me inútil para o cotidiano. As injustiças me sacodem e sou perseguida por moinhos e ventos.

Massao Ohno e o número 313512

Ele editou *O Pássaro* e *O Náufrafo* antes de me conhecer. Deixei os originais do livro com um amigo que, impaciente com a morosidade da editora que iria publicá-lo, mostrou a poesia para Massao que em seguida mandou um caixote de livros para a chácara em Apipucos. Belíssimas edições, especialmente as edições de Renata Pallotini e Hilda Hilst. No fundo da embalagem, o boneco do meu primeiro livro misturando papel-jornal com papel Fabriano e com ilustrações primorosas de Braz Dias. Deslumbrei-me.

Coordenado pela UBE, o lançamento no Recife foi um êxito editorial e o projeto gráfico foi elogiado unanimemente, o que não aconteceu com o conteúdo...

Com o parceiro Massao Ohno, em seu estúdio, 1990

Com o parceiro Massao Ohno, em seu estúdio, 1990

Numa folga dos compromissos com a televisão e o teatro no Recife, estive em São Paulo para relançar o filme *A Morte Comanda o Cangaço* e procurei Massao para viabilizar o lançamento do livro em São Paulo que teve presenças ilustres, até Paulo Bomfim e Cassiano Ricardo. Tive boas referências no *Estadão*, nos Diários Associados e consegui gravitar um pouco entre os frequentadores da editora da Rua Vergueiro, um *point*.

As nossas vidas eram, então, vertiginosas, mas houve um fato que nos marcou para sempre. No dia em que nos conhecemos, falei muito – sou de falar muito – e ele só ouvia com raros apartes. Mas na despedida daquele primeiro dia, foi enfático: decore o meu número 313512. E eu que não decoro números, decorei e sempre nos falamos. Até o momento em que tive de voltar para o Nordeste e ele me disse: *vou com você... não vou ficar aqui sozinho*.

Sozinho? Além da família e das belas mulheres que o rodeavam, havia uma geração de poetas na Rua Vergueiro.

Cariri, Chapada do Araripe, Crato, Juazeiro e outros tantos lugares percorremos para realizar o filme *Riacho de Sangue.*

Nessa época ele produziu e dirigiu o documentário em 35 mm EatmanColor *O Novo Nordeste* com fotografia de Geraldo Gabriel.

Antes, andou fazendo roteiro com Rogério Sganzerla e depois uma adaptação de *Contos da Lua Vaga*, poesia de Neruda, esboços sobre o *Saigon*. Enfim, Massao Ohno gostava muito de cinema.

Ficamos sócios numa distribuidora veiculando clássicos japoneses e filmes como *A Margem*, de Ozualdo Candeias, coproduzindo também *Uma Negra Chamada Tereza* e *Viagem ao Fim do Mundo*, ambos de Fernando Coni Campos, de quem era grande amigo.

Tempos difíceis para o cinema e para nós.

Mais tarde dividimos um escritório no meio de um roseiral no Bixiga, eu me voltando para os documentários e ele com as edições com Rosvitha Kempf e depois com a Civilização Brasileira e os *posters* poemas.

Por três décadas dividimos um sobrado na Rua da Consolação, também seu estúdio. Dali saíram obras importantes como o livro sobre a gravura japonesa, sobre a imigração, os samurais, nova versão do *Rashomon* e muita poesia.

Lobbycard de Viagem ao Fim do Mundo, *de Fernando Coni Campos*

Massao Ohno fez o mundo empobrecer no dia 11 de junho de 2010, às 23,47 h.

Dois meses antes almoçamos no Bixiga e caminhamos pelos antigos lugares.

Massao não era saudosista, mas quando lhe perguntei se lembrava do número 313512, respondeu: *claro!*

Abissais é um dos poemas que eu havia retirado do livro e que ele fez questão de recolocar. Ditei, então, o poema através do telefone 313512 e os seus últimos versos repito aqui:

... o céu de agora é somente
um retiro de estrelas.
A casa está vazia,
as portas trancadas,
mas as janelas se abrem sozinhas
para o infinito.

En passant

Anselmo Duarte possuía extraordinário senso de humor e monopolizava a plateia contando estórias fosse num bar, na casa de amigos ou na cobertura da Major Sertório.

Hospedei-me várias vezes em sua casa na Gávea e pude constatar que o Anselmo era um anfitrião perfeito, que para mim é o que não ocupa o hóspede. Lá eu cuidava dos meus contratos com exibidores, lia roteiros, fazia anotações num isolamento monástico. Eu ocupava o terceiro andar, perto das estrelas, ele o segundo com o seu som e no térreo ficava a piscina onde tomava banho com amigos eventuais.

– *Você tem um paraíso*, comentei certa manhã.

– *Mas essa casa tem criado problemas com as minhas ex-mulheres. De vez em quando uma bate naquele portão e pede para entrar. Anselmo, vamos juntar os nossos trapinhos... Meus filhos estudaram em grandes escolas e não sabem o que quer dizer* juntar trapinhos.

Quando se separou de uma pianista pareceu-me acabrunhado. Fiz umas observações óbvias sobre separações. Ele simulou enorme tristeza para dizer. *Foi muito difícil tirar o piano do apartamento e depois a sala pareceu vazia. Não voltarei a viver com pianista. Talvez um violino, no máximo um violoncelo...*

Ciclicamente fomos amigos. Envaidecia-se por eu ter escolhido o mesmo sobrenome e nunca desfez os equívocos sobre se eu era sua irmã ou sua mulher.

Alberto Ruschel durante um bom tempo trabalhou em projeto *policial e bandido* para fazer com Anselmo. Fui com ele numa reunião na casa do Martinelli em São Bernardo do Campo. Martinelli, aquele do Museu Vera Cruz. Havia muita gente, plateia do Anselmo e desisti da abordagem quando ele anunciou no deboche: *Alberto Ruschel e Aurora Duarte, agora só falta tocar o* Danúbio Azul...

A dádiva que a vida me deu foi o contato informal ou descontraído com pessoas extraordinárias como Ingmar Bergman, Truffaut, Elio Petri, Billy Wilder... convívio com Arne Suksdorf e por tanto tempo com Alberto Cavalcanti. Ter admirado de perto mulheres como Micheline Presle, Valentina Cortese, lindas e *softs*, ter passado uma tarde com Ana Magnani. Ter estado com Charlton Heston, Peter Finch e tantos outros, além de Toshiro Mifune, obviamente. E ter tomado banho de piscina com Lex Baker, o finíssimo Tarzan, que não me tirou da parte rasa, pois não sei nadar. Ele riu da minha incompetência e lamentei não ter por perto um cavalo para mostrar como monto bem...

Michel Simon, o grande ator francês, foi posar para Brecheret e o acompanhei numa tarde de dilúvio em São Paulo. Achei tão bonito eles tão compenetrados na arte enquanto eu temia que o teto desabasse sobre nossas cabeças...

Com Peter Finch, em Berlim

Oswaldo Orico, pai da Vanja, convidou-me para uma feijoada num domingo tórrido em Jacarepaguá. A mim e mais 50 pessoas que levaram mais 50 para uma casa onde cabiam 30 e olhe lá. Derretendo às cinco da tarde enfiei-me na primeira carona para voltar a Copacabana. Espremida entre militares silenciosos tentei quebrar o clima elogiando a feijoada. O general rosnou: *Irrelevante o sabor da feijoada em meio à tortura*. Pelo menos eu sorri...

Cheguei a Berlim num fim de tarde, fiz o credenciamento e não pude esperar o dia seguinte. Fui na mesma noite conhecer o muro. A cem metros encontrei... Adhemar de Barros que se espantou ao me ver ali de noite e sozinha. Esperava encontrá-la em Paris. Metidérrima respondi: *Enganou-se, Excelência, sou muito atenta aos problemas políticos e sociais*.

Miguel Arraes perguntou-me por que eu quebrava tanto os carros que o governo me emprestava para as filmagens. Respondi, muito séria: *São vossas estradas, Excelência*. Arraes sorriu como nunca eu o vira sorrir.

Na Europa, com Vanja Orico

Com o governador Miguel Arraes, Recife, 1963

Cronologia

Nome completo: Diva Mattos Perez.
Nome artístico: Aurora Duarte.
Natural de: Olinda, Pernambuco, Brasil.
Nascimento: 17 de abril de 1937.

Escolaridade

- Administração, Publicidade e Propaganda – Recife.
- Efeitos Especiais Cinematográficos – Londres.
- Produção de Cinema – Roma.

Formação

1950 – Escreve crônicas para o Jornal da Escola Rui Barbosa e tem os primeiros poemas publicados. Aproxima-se de Carlos Pena Filho, Carlos Moreira e é incentivada por Constantino Paleólogo de *O Cruzeiro* e Antonio Olavo Pereira, autor do premiado livro *Mercoré.*

1951 – É levada por Luiz Maranhão Filho para a Rádio Clube de Pernambuco, passa pela Rádio Tamandaré e se fixa na Rádio Jornal do Comércio trabalhando textos de Osman Lins.

Formatura como Técnica de Administração de Empresas, Escola Rui Barbosa, Recife, 1951

Em Londres, 1957, durante curso de efeitos especiais cinematográficos

Em Londres, com técnicos ingleses

1952 – Entra na Associação de Cinegrafistas Amadores e realiza o curta *A Sereia e o Mar*. Participa de projetos amadores até Cavalcanti anunciar a descoberta de uma nova estrela para *O Canto do Mar*.

1953 – No Rio estuda propostas cinematográficas enquanto desfila moda.

1954 – Participa do Festival Internacional do IV Centenário de São Paulo e filma *Os Três Garimpeiros* – direção de Gianni Pons.

1955 – Participa de *Armas da Vingança* sob direção de Alberto Severi e Carlos Coimbra. O filme é bem recebido pela crítica e público, dando-lhe popularidade.

1956 – Com passaporte azul, voltou a Londres em missão cultural, exibindo documentários sobre Carnaval e ritos populares nos quais tivera participações, estudou efeitos especiais cinematográficos, prolongando a viagem pela Suíça, Bélgica, França, Portugal, Alemanha, Espanha e Itália, frequentando os estúdios.

1957 – De volta ao Brasil, montou a peça espanhola *O Caso da Mulher Assassinada*, versão de Hermilo Borba Filho e trabalhou com Walter Hugo Khouri em *Fronteiras do Inferno*.

Filmagem do curta A Sereia e o Mar, *Recife, 1952*

Filmagens de Armas da Vingança, *Jundiaí/SP, 1957*

1958 – Convidada por Carlos Coimbra fez o argumento de José Júlio Spiewak, crítico de cinema, *Crepúsculo de Ódios*, com Carlos Zara e, novamente, Luigi Picchi.

1959 – Parte para organizar e levantar capital para fazer *A Morte Comanda o Cangaço*, no interior do Ceará. Somente um acampamento de cangaceiros foi feito em Indaiatuba e arredores, devido ao transbordamento do Açude de Orós.

1960 – *A Morte Comanda o Cangaço* é lançado com grande êxito de público, recebendo dezenas de premiações.

1961 – O filme concorre em Berlim, Globo de Ouro, Oscar e participa de várias mostras no Brasil e exterior. *A Morte Comanda o Cangaço* ficou 20 anos sendo comercializado.

1962 – Funda com Aguinaldo Silva e Aron Mandel o Teatro de Equipe de Pernambuco, encenando *Entre Quatro Paredes* e *A Compadecida*, e, paralelamente, faz programas de entrevistas na televisão.

1963 – Acompanha o lançamento do filme em capitais brasileiras e em diversos países.

1964 – Lança no Recife e em São Paulo o livro de poemas *O Pássaro e o Náufrago*, pela editora

Em Berlim, para o Festival Internacional de Cinema, 1961

Em desfile em carro aberto, em Berlim

Com Luiz Serrano e Alberto Ruschel, em Berlim

de Massao Ohno. Com a Revolução, interrompe projetos de documentários para a Sudene e vai para o Chile.

1965 – Massao Ohno assume a produção executiva de *Riacho de Sangue*, rodado no interior de Pernambuco.

1966 – Coproduz com Massao Ohno o documentário *O Novo Nordeste* e finaliza *Riacho de Sangue*.

1967 – Organiza uma distribuidora de filmes que segue até 1974, com Massao Ohno, e até 1985 sozinha. Na primeira fase foram distribuídos clássicos japoneses, *A Margem*, de Ozualdo Candeiras, *Esse Mundo é Meu*, de Sérgio Ricardo e coproduzidos *Uma Nega Chamada Tereza* e *Viagem ao Fim do Mundo* com Massao Ohno.

Na segunda fase, ainda clássicos japoneses, *Rifa-se uma Mulher* e *A Virgem Camuflada*, ambos de Celio Scheiner Gonçalves, e *Elite Devassa*, em coprodução com Cinearte de Anibal Massaini.

1985 a 1990 – Pesquisa e produção do média metragem sobre alcoolismo intitulado *O Inimigo do Homem*, produção de Vital Brasil, e *O Instituto Butantã*, e produção do documentário *Revolução de 32*. Pesquisa e direção do ensaio cinematográfico sobre cinema e a poesia de Dantas Motta intitulado *Território do Poeta*.

1990 a 1993 – Pesquisa, produção e direção de *Canto Soberano*, documentário sobre o domínio holandês, baseado na poesia de Audálio Alver. *No País do São Francisco* realização sobre a procissão, o povo e costumes no grande rio. Esboço do livro *O Homem e sua Bagagem* a ser editado. Participação no documentário de Clebio Ribeiro – *Aurora Comanda o Cinema*.

1994/1995 – Direção dos documentários *Porta para o Mistério*, *Rimas para Liberdade*, *Chagas* e *Os Jesuítas*.

1996 a 2006 – Trabalhos diversos na série sobre pintores, produzida por Pedro Paulo Mendes – 15 documentários.

2006 a 2010 – Revisão do roteiro *Filme sobre Mulheres*, colaboração no documentário de longa metragem de Walter Webb, intitulado *Bahia Corpo e Alma*, artigos, palestras, roteiros de curtas e o texto de *Faca de Ponta*.

Atualmente realiza documentários, escreve roteiros, é produtora e diretora de arte.

Está radicada em São Paulo desde 1954.

Principais realizações

Documentários

- *O Inimigo do Homem* – pesquisa , roteiro, produção e texto.
- *Porta para o Mistério* – pesquisa, direção e produção.
- *Flor Cinzenta* – direção, produção e pesquisa.
- *O Arcanjo Vingador* – produção.
- *No País do São Francisco* – produção, pesquisa e direção.
- *Canto Soberano* – direção, produção e pesquisa.

- *Rimas para a Liberdade* – direção, roteiro e pesquisa.
- *Território do Poeta* – direção, pesquisa e roteiro.
- *Os Jesuítas e a Arquitetura Religiosa Paulista do Séc. XVII* – direção.
- *Revolução de 32* – produção.
- *Chagas* – produção, roteiro e direção.
- *Pennacchi* – pesquisa, roteiro, direção e produção.
- *Os Caminhos de Fang* – roteiro e produção.
- *Renot Bahia Brasil* – roteiro e produção.
- *Helenos* – roteiro, produção e direção.

- *Cláudio Tozzi* – pesquisas e produção executiva.
- *A Realidade de Lourenço* – roteiro e produção executiva.
- *O Universo Lírico de Teruz* – produção executiva.
- *Jenner Augusto* – produção executiva.
- *A Arte Fantástica de Mário Gruber* – pesquisa e produção executiva.
- *Pintura e Paixão Segundo Carlos Bracher* – produção.
- *Inimá de Paula* – produção.
- *O Descobrimento Imperfeito do Brasil* – Antonio Poteiro.
- *Linha do Horizonte* – Wakabayashi.
- *Eu Vi o Mundo* ... Cícero Dias.
- *Bahia Corpo e Alma* – longa-metragem

Atriz (filmes)

- *O Canto do Mar* – de Alberto Cavalcanti.
- *Os Três Garimpeiros* – de Gianni Pons.
- *Armas da Vingança* – de Carlos Coimbra.
- *Fronteiras do Inferno* – de Walter Hugo Khouri.
- *Crepúsculo de Ódios* – de Carlos Coimbra.
- *Noites Paraguayas* – de Aloysio Raolino.

Filmagens de O Universo Lírico de Teruz, *Rio, 1983*

Com Fernando Campos, nas filmagens de O Universo Lírico de Teruz, *Rio, 1983*

Atriz e produtora

- *A Morte Comanda o Cangaço* – filme de Carlos Coimbra.
- *O Caso da Mulher Assassinada* – teatro.
- *Entre Quatro Paredes* – teatro.
- *O Auto da Compadecida* – teatro.

Produtora (filme)

- *Riacho do Sangue* – de Fernando de Barros (produção e diálogos adicionais).

Coprodutora

- *Rifa-se uma Mulher* – de Scheiner Gonçalves
- *A Virgem Camuflada*
- *Elite Devassa*

Coprodutora com Massao Ohno

- *Uma Nega Chamada Tereza* – de Fernando Coni Campos
- *Viagem ao Fim do Mundo* – de Fernando Coni Campos – Premiado com o Leopardo de Prata, no Festival de Locarno.

Televisão

• *Janela Indiscreta* – programa de entrevistas na TV Jornal do Comércio.

• *Crítica de Cinema* com Flávio Tambellini – TV Tupi São Paulo.

• *De Amor Também se Morre* (peça) – direção de Luiz Sérgio Person.

• *TV Itália* (Victor Costa) – Canal 5 São Paulo.

• *Humor Excelsior* (participações esporádicas) – TV Excelsior.

• Peças diversas de autores italianos – TV Record / Teatro Record.

Prêmios principais

• Índio, do *Jornal do Cinema*, do Rio de Janeiro, por votação popular:

• Atriz Revelação / Melhor Atriz / Melhor Produtora.

• Sacy, do jornal *O Estado de S.Paulo*: Melhor Filme / Melhor Produtora.

• TV Rio, da crítica especializada do Rio de Janeiro: Melhor Atriz.

• Personalidade do Ano nas Artes, dos Diários Associados de São Paulo: Prêmio Especial.

• Prêmio Cidade de São Paulo, da Prefeitura de São Paulo: Melhor Filme / Menção Honrosa pela Melhor Produção.

• Prêmio Governador do Estado, do Governo de São Paulo: Melhor Filme / Melhor Produção.

• Prêmio Telefone para o Melhor da TV, da TV Record, por votação popular: Mérito no Cinema.

• Crítica e Cronistas Sociais do Recife: Personalidade no Setor Cinematográfico.

• Leopardo de Prata, no Festival Cinematográfico de Locarno, Suíça: Contribuição para Entendimento entre os Povos.

• TV Tupi CANAL 4: Melhor Atriz / Melhor Produtora / Menção Especial por Relevantes Serviços prestados à Música Regional Brasileira.

• Prêmios Secretaria de Cultura do Estado de São Paulo pelo roteiro em pré-produção intitulado *Filme sobre Mulheres*.

Observação:

Fora de competição, Aurora participou de inúmeras mostras internacionais. Em missão cultural do Governo brasileiro viajou por diversos países, mostrando documentários e o clássico *A Morte Comanda o Cangaço*. Este filme, dirigido por Carlos Coimbra e que teve Aurora como atriz e produtora, foi êxito de bilheteria com dezenas de premiações. Foi selecionado para o Festival de Berlim e Globo de Ouro, e concorreu como finalista na disputa pelo Oscar de melhor filme estrangeiro de 1960.

Livros

- *O Pássaro e o Náufrago* (poesia – Massao Ohno Editor – 1964).
- *Testamento Insensato* (poesia – Massao Ohno Editor – 1993).
- *Faca de Ponta* (autobiografia – Imprensa Oficial do Estado – no prelo).
- *Sete Cantos da Paixão e Elegia para o Amor Incendiado* (poesia – em revisão).
- *O Homem e sua Bagagem* (romance – em fase final).

Em sua residência, São Paulo, 2010

Com Maurício do Valle

"Esta equipe incrível e sua máquina maravilhosa"

Com Dana Andrews em Londres, 1958

Com Milton Ribeiro e Alberto Ruschel, aeroporto de Recife, 1961

Com Grande Otelo, Rio, 1953

Com Mila Moreira e Fernando de Barros, como jurados do concurso Miss Luzes, São Paulo, 1965

Almoço na casa de Oswaldo Massaini: Massaini, Marcelo Torres, Jean Lafont, Iracema Massaini, Ruth de Souza, Aurora, Edson França e o programador Martins, 1961

Com Apolo Monteiro (cenógrafo, ator e figurinista)

Em Olinda/PE, 1965

Com John Gavin, que quis conhecê-la em visita ao Brasil

Busca de locações para filme não realizado, Penedo/AL, 1963

Cine Normandie, São Paulo, 1956

Índice

Crédito das Fotografias

Acervo de Aurora Duarte

A despeito dos esforços de pesquisa empreendidos pela Editora para identificar a autoria das fotos expostas nesta obra, parte delas não é de autoria conhecida de seus organizadores.
Agradecemos o envio ou comunicação de toda informação relativa à autoria e/ou a outros dados que porventura estejam incompletos, para que sejam devidamente creditados.

Coleção Aplauso

Série Cinema Brasil

Alain Fresnot – Um Cineasta sem Alma
Alain Fresnot

Agostinho Martins Pereira – Um Idealista
Máximo Barro

Alfredo Sternheim – Um Insólito Destino
Alfredo Sternheim

O Ano em Que Meus Pais Saíram de Férias
Roteiro de Cláudio Galperin, Bráulio Mantovani, Anna Muylaert e Cao Hamburger

Anselmo Duarte – O Homem da Palma de Ouro
Luiz Carlos Merten

Antonio Carlos da Fontoura – Espelho da Alma
Rodrigo Murat

Ary Fernandes – Sua Fascinante História
Antônio Leão da Silva Neto

O Bandido da Luz Vermelha
Roteiro de Rogério Sganzerla

Batismo de Sangue
Roteiro de Dani Patarra e Helvécio Ratton

Bens Confiscados
Roteiro comentado pelos seus autores Daniel Chaia e Carlos Reichenbach

Braz Chediak – Fragmentos de uma Vida
Sérgio Rodrigo Reis

Cabra-Cega
Roteiro de Di Moretti, comentado por Toni Venturi e Ricardo Kauffman

O Caçador de Diamantes
Roteiro de Vittorio Capellaro, comentado por Máximo Barro

Carlos Coimbra – Um Homem Raro
Luiz Carlos Merten

Carlos Reichenbach – O Cinema Como Razão de Viver
Marcelo Lyra

A Cartomante
Roteiro comentado por seu autor Wagner de Assis

Casa de Meninas
Romance original e roteiro de Inácio Araújo

O Caso dos Irmãos Naves
Roteiro de Jean-Claude Bernardet e Luis Sérgio Person

O Céu de Suely
Roteiro de Karim Aïnouz, Felipe Bragança e Maurício Zacharias

Chega de Saudade
Roteiro de Luiz Bolognesi

Cidade dos Homens
Roteiro de Elena Soárez

Como Fazer um Filme de Amor
Roteiro escrito e comentado por Luiz Moura e José Roberto Torero

O Contador de Histórias
Roteiro de Luiz Villaça, Mariana Veríssimo, Maurício Arruda e José Roberto Torero

Críticas de B.J. Duarte – Paixão, Polêmica e Generosidade
Luiz Antonio Souza Lima de Macedo

Críticas de Edmar Pereira – Razão e Sensibilidade
Org. Luiz Carlos Merten

Críticas de Jairo Ferreira – Críticas de invenção: Os Anos do São Paulo Shimbun
Org. Alessandro Gamo

Críticas de Luiz Geraldo de Miranda Leão – Analisando Cinema: Críticas de LG
Org. Aurora Miranda Leão

Críticas de Ruben Biáfora – A Coragem de Ser
Org. Carlos M. Motta e José Júlio Spiewak

De Passagem
Roteiro de Cláudio Yosida e Direção de Ricardo Elias

Desmundo
Roteiro de Alain Fresnot, Anna Muylaert e Sabina Anzuategui

Djalma Limongi Batista – Livre Pensador
Marcel Nadale

Dogma Feijoada: O Cinema Negro Brasileiro
Jeferson De

Dois Córregos
Roteiro de Carlos Reichenbach

A Dona da História
Roteiro de João Falcão, João Emanuel Carneiro e Daniel Filho

Os 12 Trabalhos
Roteiro de Cláudio Yosida e Ricardo Elias

Estômago
Roteiro de Lusa Silvestre, Marcos Jorge e Cláudia da Natividade

Feliz Natal
Roteiro de Selton Mello e Marcelo Vindicatto

Fernando Meirelles – Biografia Prematura
Maria do Rosário Caetano

Fim da Linha
Roteiro de Gustavo Steinberg e Guilherme Werneck; Storyboards de Fábio Moon e Gabriel Bá

Fome de Bola – Cinema e Futebol no Brasil
Luiz Zanin Oricchio

Francisco Ramalho Jr. – Éramos Apenas Paulistas
Celso Sabadin

Geraldo Moraes – O Cineasta do Interior
Klecius Henrique

Guilherme de Almeida Prado – Um Cineasta Cinéfilo
Luiz Zanin Oricchio

Helvécio Ratton – O Cinema Além das Montanhas
Pablo Villaça

O Homem que Virou Suco
Roteiro de João Batista de Andrade, organização de Ariane Abdallah e Newton Cannito

Ivan Cardoso – O Mestre do Terrir
Remier

João Batista de Andrade – Alguma Solidão e Muitas Histórias
Maria do Rosário Caetano

Jorge Bodanzky – O Homem com a Câmera
Carlos Alberto Mattos

José Antonio Garcia – Em Busca da Alma Feminina
Marcel Nadale

José Carlos Burle – Drama na Chanchada
Máximo Barro

Liberdade de Imprensa – O Cinema de Intervenção
Renata Fortes e João Batista de Andrade

Salve Geral
Roteiro de Sergio Rezende e Patrícia Andrade

O Signo da Cidade
Roteiro de Bruna Lombardi

Ugo Giorgetti – O Sonho Intacto
Rosane Pavam

Viva-Voz
Roteiro de Márcio Alemão

Vladimir Carvalho – Pedras na Lua e Pelejas no Planalto
Carlos Alberto Mattos

Vlado – 30 Anos Depois
Roteiro de João Batista de Andrade

Zuzu Angel
Roteiro de Marcos Bernstein e Sergio Rezende

Série Cinema

Bastidores – Um Outro Lado do Cinema
Elaine Guerini

Série Ciência & Tecnologia

Cinema Digital – Um Novo Começo?
Luiz Gonzaga Assis de Luca

A Hora do Cinema Digital – Democratização e Globalização do Audiovisual
Luiz Gonzaga Assis De Luca

Série Crônicas

Crônicas de Maria Lúcia Dahl – O Quebra-cabeças
Maria Lúcia Dahl

Série Dança

Rodrigo Pederneiras e o Grupo Corpo – Dança Universal
Sérgio Rodrigo Reis

Série Música

Maestro Diogo Pacheco – Um Maestro para Todos
Alfredo Sternheim

Rogério Duprat – Ecletismo Musical
Máximo Barro

Sérgio Ricardo – Canto Vadio
Eliana Pace

Wagner Tiso – Som, Imagem, Ação
Beatriz Coelho Silva

Série Teatro Brasil

Alcides Nogueira – Alma de Cetim
Tuna Dwek

Antenor Pimenta – Circo e Poesia
Danielle Pimenta

Cia de Teatro Os Satyros – Um Palco Visceral
Alberto Guzik

Críticas de Clóvis Garcia – A Crítica Como Ofício
Org. Carmelinda Guimarães

Críticas de Maria Lucia Candeias – Duas Tábuas e Uma Paixão
Org. José Simões de Almeida Júnior

Federico Garcia Lorca – Pequeno Poema Infinito
Antonio Gilberto e José Mauro Brant

Ilo Krugli – Poesia Rasgada
Ieda de Abreu

João Bethencourt – O Locatário da Comédia
Rodrigo Murat

José Renato – Energia Eterna
Hersch Basbaum

Leilah Assumpção – A Consciência da Mulher
Eliana Pace

Luís Alberto de Abreu – Até a Última Sílaba
Adélia Nicolete

Maurice Vaneau – Artista Múltiplo
Leila Corrêa

Renata Palottini – Cumprimenta e Pede Passagem
Rita Ribeiro Guimarães

Teatro Brasileiro de Comédia – Eu Vivi o TBC
Nydia Licia

O Teatro de Abílio Pereira de Almeida
Abílio Pereira de Almeida

O Teatro de Aimar Labaki
Aimar Labaki

O Teatro de Alberto Guzik
Alberto Guzik

O Teatro de Antonio Rocco
Antonio Rocco

O Teatro de Cordel de Chico de Assis
Chico de Assis

O Teatro de Emílio Boechat
Emílio Boechat

O Teatro de Germano Pereira – Reescrevendo Clássicos
Germano Pereira

O Teatro de José Saffioti Filho
José Saffioti Filho

O Teatro de Alcides Nogueira – Trilogia: Ópera Joyce – Gertrude Stein, Alice Toklas & Pablo Picasso – Pólvora e Poesia
Alcides Nogueira

O Teatro de Ivam Cabral – Quatro textos para um teatro veloz: Faz de Conta que tem Sol lá Fora – Os Cantos de Maldoror – De Profundis – A Herança do Teatro
Ivam Cabral

O Teatro de Noemi Marinho: Fulaninha e Dona Coisa, Homeless, Cor de Chá, Plantonista Vilma
Noemi Marinho

Teatro de Revista em São Paulo – De Pernas para o Ar
Neyde Veneziano

O Teatro de Samir Yazbek: A Entrevista – O Fingidor – A Terra Prometida
Samir Yazbek

O Teatro de Sérgio Roveri
Sérgio Roveri

Teresa Aguiar e o Grupo Rotunda – Quatro Décadas em Cena
Ariane Porto

Série Perfil

Analy Alvarez – De Corpo e Alma
Nicolau Radamés Creti

Aracy Balabanian – Nunca Fui Anjo
Tania Carvalho

Arllete Montenegro – Fé, Amor e Emoção
Alfredo Sternheim

Ary Fontoura – Entre Rios e Janeiros
Rogério Menezes

Berta Zemel – A Alma das Pedras
Rodrigo Antunes Corrêa

Bete Mendes – O Cão e a Rosa
Rogério Menezes

Betty Faria – Rebelde por Natureza
Tania Carvalho

Carla Camurati – Luz Natural
Carlos Alberto Mattos

Cecil Thiré – Mestre do seu Ofício
Tania Carvalho

Celso Nunes – Sem Amarras
Eliana Rocha

Cleyde Yaconis – Dama Discreta
Vilmar Ledesma

David Cardoso – Persistência e Paixão
Alfredo Sternheim

Débora Duarte – Filha da Televisão
Laura Malin

Denise Del Vecchio – Memórias da Lua
Tuna Dwek

Elisabeth Hartmann – A Sarah dos Pampas
Reinaldo Braga

Emiliano Queiroz – Na Sobremesa da Vida
Maria Leticia

Emilio Di Biasi – O Tempo e a Vida de um Aprendiz
Erika Riedel

Etty Fraser – Virada Pra Lua
Vilmar Ledesma

Ewerton de Castro – Minha Vida na Arte: Memória e Poética
Reni Cardoso

Fernanda Montenegro – A Defesa do Mistério
Neusa Barbosa

Fernando Peixoto – Em Cena Aberta
Marília Balbi

Geórgia Gomide – Uma Atriz Brasileira
Eliana Pace

Gianfrancesco Guarnieri – Um Grito Solto no Ar
Sérgio Roveri

Glauco Mirko Laurelli – Um Artesão do Cinema
Maria Angela de Jesus

Ilka Soares – A Bela da Tela
Wagner de Assis

Irene Ravache – Caçadora de Emoções
Tania Carvalho

Irene Stefania – Arte e Psicoterapia
Germano Pereira

Isabel Ribeiro – Iluminada
Luis Sergio Lima e Silva

Isolda Cresta – Zozô Vulcão
Luis Sérgio Lima e Silva

Joana Fomm – Momento de Decisão
Vilmar Ledesma

John Herbert – Um Gentleman no Palco e na Vida
Neusa Barbosa

Jonas Bloch – O Ofício de uma Paixão
Nilu Lebert

Jorge Loredo – O Perigote do Brasil
Cláudio Fragata

José Dumont – Do Cordel às Telas
Klecius Henrique

Leonardo Villar – Garra e Paixão
Nydia Licia

Lília Cabral – Descobrindo Lília Cabral
Analu Ribeiro

Lolita Rodrigues – De Carne e Osso
Eliana Castro

Louise Cardoso – A Mulher do Barbosa
Vilmar Ledesma

Marcos Caruso – Um Obstinado
Eliana Rocha

Maria Adelaide Amaral – A Emoção Libertária
Tuna Dwek

Marisa Prado – A Estrela, O Mistério
Luiz Carlos Lisboa

Mauro Mendonça – Em Busca da Perfeição
Renato Sérgio

Miriam Mehler – Sensibilidade e Paixão
Vilmar Ledesma

Naum Alves de Souza: Imagem, Cena, Palavra
Alberto Guzik

Nicette Bruno e Paulo Goulart – Tudo em Família
Elaine Guerrini

Nívea Maria – Uma Atriz Real
Mauro Alencar e Eliana Pace

Niza de Castro Tank – Niza, Apesar das Outras
Sara Lopes

Paulo Betti – Na Carreira de um Sonhador
Teté Ribeiro

Paulo José – Memórias Substantivas
Tania Carvalho

Paulo Hesse – A Vida Fez de Mim um Livro e Eu Não Sei Ler
Eliana Pace

Pedro Paulo Rangel – O Samba e o Fado
Tania Carvalho

Regina Braga – Talento é um Aprendizado
Marta Góes

Reginaldo Faria – O Solo de Um Inquieto
Wagner de Assis

Renata Fronzi – Chorar de Rir
Wagner de Assis

Renato Borghi – Borghi em Revista
Élcio Nogueira Seixas

Renato Consorte – Contestador por Índole
Eliana Pace

Rolando Boldrin – Palco Brasil
Ieda de Abreu

Rosamaria Murtinho – Simples Magia
Tania Carvalho

Rubens de Falco – Um Internacional Ator Brasileiro
Nydia Licia

Ruth de Souza – Estrela Negra
Maria Ângela de Jesus

Sérgio Hingst – Um Ator de Cinema
Máximo Barro

Sérgio Viotti – O Cavalheiro das Artes
Nilu Lebert

Silnei Siqueira – A Palavra em Cena
Ieda de Abreu

Silvio de Abreu – Um Homem de Sorte
Vilmar Ledesma

Sônia Guedes – Chá das Cinco
Adélia Nicolete

Sonia Maria Dorce – A Queridinha do meu Bairro
Sonia Maria Dorce Armonia

Sonia Oiticica – Uma Atriz Rodriguiana?
Maria Thereza Vargas

Stênio Garcia – Força da Natureza
Wagner Assis

Suely Franco – A Alegria de Representar
Alfredo Sternheim

Tatiana Belinky – ... E Quem Quiser Que Conte Outra
Sérgio Roveri

Theresa Amayo – Ficção e Realidade
Theresa Amayo

Tony Ramos – No Tempo da Delicadeza
Tania Carvalho

Umberto Magnani – Um Rio de Memórias
Adélia Nicolete

Vera Holtz – O Gosto da Vera
Analu Ribeiro

Vera Nunes – Raro Talento
Eliana Pace

Walderez de Barros – Voz e Silêncios
Rogério Menezes

Walter George Durst – Doce Guerreiro
Nilu Lebert

Zezé Motta – Muito Prazer
Rodrigo Murat

Especial

Agildo Ribeiro – O Capitão do Riso
Wagner de Assis

Av. Paulista, 900 – a História da TV Gazeta
Elmo Francfort

Beatriz Segall – Além das Aparências
Nilu Lebert

Carlos Zara – Paixão em Quatro Atos
Tania Carvalho

Célia Helena – Uma Atriz Visceral
Nydia Licia

Charles Möeller e Claudio Botelho – Os Reis dos Musicais
Tania Carvalho

Cinema da Boca – Dicionário de Diretores
Alfredo Sternheim

Dina Sfat – Retratos de uma Guerreira
Antonio Gilberto

Eva Todor – O Teatro de Minha Vida
Maria Angela de Jesus

Eva Wilma – Arte e Vida
Edla van Steen

Gloria in Excelsior – Ascensão, Apogeu e Queda do Maior Sucesso da Televisão Brasileira
Álvaro Moya

Lembranças de Hollywood
Dulce Damasceno de Britto, organizado por Alfredo Sternheim

Maria Della Costa – Seu Teatro, Sua Vida
Warde Marx

Mazzaropi – Uma Antologia de Risos
Paulo Duarte

Ney Latorraca – Uma Celebração
Tania Carvalho

Odorico Paraguaçu: O Bem-amado de Dias Gomes – História de um Personagem Larapista e Maquiavelento
José Dias

Raul Cortez – Sem Medo de se Expor
Nydia Licia

Rede Manchete – Aconteceu, Virou História
Elmo Francfort

Sérgio Cardoso – Imagens de Sua Arte
Nydia Licia

Tônia Carrero – Movida pela Paixão
Tania Carvalho

TV Tupi – Uma Linda História de Amor
Vida Alves

Victor Berbara – O Homem das Mil Faces
Tania Carvalho

Walmor Chagas – Ensaio Aberto para Um Homem Indignado
Djalma Limongi Batista

Dados Internacionais de Catalogação na Publicação
Biblioteca da Imprensa Oficial do Estado de São Paulo

Duarte, Aurora
Aurora Duarte: Faca de Ponta / Aurora Duarte – São Paulo: Imprensa Oficial do Estado de São Paulo, 2010.
348p. : il. – (Coleção Aplauso. Série Perfil / Coordenador geral Rubens Ewald Filho)

ISBN 978-85-7060-904-5

1. Atores e atrizes de cinema – Brasil – Biografia 2. Atores e atrizes de teatro – Brasil – Biografia 3. Atores e atrizes de televisão – Brasil – Biografia 4. Duarte, Aurora, 1933 I. Ewald Filho, Rubens. II. Título. III. Série.

CDD 791.092

Índices para catálogo sistemático:
1. Atores e atrizes brasileiros: Biografia: Representações públicas: Artes 791.092

Foi feito o depósito legal
Lei nº 10.994, de 14/12/2004

Impresso no Brasil / 2010

Imprensa Oficial do Estado de São Paulo
Rua da Mooca, 1921 Mooca
03103-902 São Paulo SP
www.imprensaoficial.com.br/livraria
livros@imprensaoficial.com.br
SAC 0800 01234 01
sac@imprensaoficial.com.br

Coleção Aplauso Série Perfil

Coordenador Geral	Rubens Ewald Filho
Coordenador Operacional e Pesquisa Iconográfica	Marcelo Pestana
Projeto Gráfico	Carlos Cirne
Editor Assistente	Claudio Erlichman
Assistente	Charles Bandeira
Editoração	Fátima Consales
	Fernanda Buccelli
Tratamento de Imagens	José Carlos da Silva
Revisão	Wilson Ryoji Imoto

Formato: 12 x 18 cm

Tipologia: Frutiger

Papel miolo: Offset LD 90 g/m^2

Papel capa: Triplex 250 g/m^2

Número de páginas: 348

Editoração, CTP, impressão e acabamento:
Imprensa Oficial do Estado de São Paulo

*Nesta edição, respeitou-se o novo
Acordo Ortográfico da Língua Portuguesa*

imprensaoficial